LA
SVIVANTE,
COMEDIE.

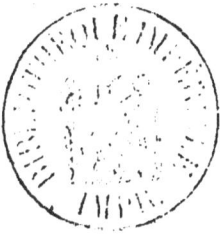

A PARIS,

Chez AVGVSTIN COVRBE', Imprimeur
& Libraire de Monseigneur Frere du Roy, dans la
petite Salle du Palais, à la Palme.

M. DC. XXXVII.
AVEC PRIVILEGE DV ROY.

EPISTRE.

MONSIEVR,

Ie vous presente vne Comedie qui n'a pas esté également aymée de toutes sortes d'esprits : beaucoup, & de fort bons, n'en ont pas fait grand estat, & beaucoup d'autres l'ont mise au dessus du reste des miennes. Pour moy, ie laisse dire tout le monde, et fay mon profit des bons aduis, de quelque part que ie les reçoiue. Ie traite toujours mon sujet le moins mal qu'il m'est possible, & apres y auoir corrigé ce qu'on m'y fait connoistre d'inexcusable, ie l'abandonne au public. Si ie ne fay bien, qu'vn autre face mieux, ie feray des vers à sa loüange au lieu de le censurer. Chacun a sa methode, ie ne blasme point celle des autres, & me tiens à la mienne : iusques à present ie m'en suis trouué fort bien, i'en chercheray vne meilleure,

quand ie commenceray à m'en trouuer mal. Ceux
qui se font presser à la representation de mes ou-
urages, m'obligent infiniment ; ceux qui ne les ap-
prouuent pas, peuuent se dispenser d'y venir gaigner la migraine, ils espargneront de l'argent, &
me feront plaisir. Les iugemens sont libres en ces
matieres, & les goussts diuers. I'ay veu des person-
nes de fort bon sens admirer des endroits sur qui
i'aurois passé l'esponge ; & i'en cognoy dont les Poëmes reüssissent au Theatre auec éclat, & qui pour
principaux ornemens y employent des choses que
i'éuite dans les miens. Ils pensent auoir raison,
et moy aussi : qui d'eux ou de moy se trompe ; c'est
ce qui n'est pas aisé à iuger. Chez les Philoso-
phes, tout ce qui n'est point de la Foy, ny des
Principes, est disputable, & souuent ils soustien-
dront à vostre choix, le pour & le contre d'vne
mesme proposition : Marques certaines de l'excel-
lence de l'esprit humain, qui trouue des raisons à
defendre tout, ou plustost de sa foiblesse, qui n'en
peut trouuer de conuaincantes, ny qui ne puissent
estre combattuës & destruites par de contraires.
Ainsi ce n'est pas merueille, si les Critiques don-
nent de mauuaises interpretations à nos vers, et de
mauuaises faces à nos personnages. Qu'on me
donne (dit Monsieur de Montagne au ch. 36. du

premier liure) l'action la plus excellente & pure,
ie m'en vois y fournir vray-femblablement cin-
quante viciēufes intentions. *C'eſt au Leſteur deſ-
intereßé à prendre la medaille par le beau reuers.
Comme il nous a quelque obligation d'auoir tra-
uaillé à le diuertir, i'oſe dire que pour reconnoiſ-
fance il nous doit vn peu de faueur, & qu'il com-
met vne eſpéce d'ingratitude, s'il ne ſe montre plus
ingenieux à nous defendre qu'à nous condamner,
& s'il n'applique la ſubtilité de ſon eſprit pluſtoſt à
colorer & iuſtifier en quelque forte nos veritables
defauts, qu'à en trouuer où il n'y en a point. Nous
pardonnons beaucoup de choſes aux Anciens, nous
admirons quelquefois dans leurs écrits ce que nous
ne ſouffririons pas dans les noſtres; nous faiſons
des myſteres de leurs imperfections, & couurons
leurs fautes du nom de licences Poëtiques. Le do-
ſte Scaliger a remarqué des taches dans tous les
Latins, & de moins ſçauans que luy en remar-
queroient bien dans les Grecs, & dans ſon Virgile
meſme, à qui il dreſſe des autels ſur le meſpris des
autres. Je vous laiſſe donc à penſer ſi noſtre pre-
ſomption ne ſeroit pas ridicule, de pretendre qu'v-
ne exaſte cenſure ne peuſt mordre ſur nos ouura-
ges, puiſque ceux de ces grands Genies de l'Anti-
quité ne ſe peuuent pas ſouſtenir contre vn rigou-*

reux examen. Je ne me suis iamais imaginé auoir
mis rien au iour de parfait, ie n'espere pas mesme
y pouuoir iamais arriuer, ie fay neantmoins mon
possible pour en approcher, & les plus beaux succez des autres ne produisent en moy qu'vne ver-
tueuse emulation qui me fait redoubler mes ef-
forts, afin d'en auoir de pareils.

Ie voy d'vn œil égal croistre le nom d'autruy,
Et tasche à m'esleuer aufsi haut comme luy,
Sans hazarder ma peine à le faire descendre:
La Gloire a des tresors qu'on ne peut épuiser,
Et plus elle en prodigue à nous fauoriser,
Plus elle en garde encor où chacun peut pre-
    tendre.

Pour venir à cette Suiuante que ie vous dédie,
elle est d'vn genre qui demande plustost vn style
naïf que pompeux : les fourbes & les intrigues
font principalement du ieu de la Comedie, les
passions n'y entrent que par accident. Les regles
des Anciens font assez religieusement obseruées
en celle-cy : il n'y a qu'vne action principale à
qui toutes les autres aboutissent, son lieu n'a point
plus d'estenduë que celle du Theatre, & le temps
n'en est point plus long que celuy de la representation, si vous en exceptez l'heure du disner qui
se passe entre le premier & le second Acte. La liai-

son mesme des Scenes, qui n'est qu'vn embelliſſe-
ment, & non pas vn precepte, y est gardée; & ſi
vous prenez, la peine de conter les vers, vous n'en
trouuerez en pas vn Acte plus qu'en l'autre. Ce
n'est pas que ie me ſois aſſujetty depuis aux meſmes
rigueurs: i'ayme à ſuiure les regles, mais loin de
me rendre leur eſclaue, ie les élargis & reſerre ſe-
lon le beſoin qu'en a mon ſujet, & ie romps meſme
ſans ſcrupule celle qui regarde la durée de l'action,
quand ſa ſeuerité me ſemble abſolument incompa-
tible auec les beautez des euenemens que ie décris.
Sçauoir les regles, & entendre le ſecret de les appri-
uoiſer adroitement auec noſtre Theatre, ce ſont
deux ſciences bien differentes, & peut-eſtre que
pour faire maintenant reüſſir vne Piece, ce n'est
pas aſſez d'auoir eſtudié dans les liures d'Ariſtote
& d'Horace. J'eſpere vn iour traiter ces matieres
plus à fond, & montrer de quelle eſpece est la
vray-ſemblance qu'ont ſuiuie ces grands Mai-
ſtres des autres ſiecles, en faiſant parler des beſtes,
& des choſes qui n'ont point de corps. Cependant
mon aduis est celuy de Terence. Puiſque nous faiſons des Poëmes pour eſtre repreſentez, noſtre premier but doit eſtre de plaire à la Cour & au Peu-
ple, & d'attirer vn grand monde à leurs repreſen-
tations. Il faut, s'il ſe peut, y adiouſter les regles,

afin de ne defplaire pas aux Sçauans, & receuoir
vn applaudiffement vniuerfel, mais fur tout gai-
gnons la voix publique : Autrement, noftre piece
aura beau eftre reguliere, fi elle eft fifflée au Theatre, les Sçauans n'oferont fe declarer en noftre faueur, & aymeront mieux dire que nous aurons
mal entendu les regles, que de nous donner des
loüanges quand nous ferons décriez par le confentement general de ceux qui ne voyent la Comedie que pour fe diuertir. Je fuis,

MONSIEVR,

Voftre tres-humble feruiteur,
CORNEILLE.

Extraict du Priuilege du Roy.

PAr grace & Priuilege du Roy, il est permis à Au-
gustin Courbé, Marchand Libraire à Paris, d'imprimer ou faire imprimer, & exposer en vente, vn
Liure intitulé, *La Suiuante Comedie*, par M^r COR-
NEILLE, & defenses sont faites à tous Imprimeurs,
Libraires & autres, d'imprimer, ny faire imprimer
ledit Liure sans sa permission, ou de ceux qui auront
droict de luy, & ce pendant le temps de vingt ans, à
compter du iour que ledit Liure sera acheué d'imprimer pour la premiere fois, à peine aux contreue-
nans, de quinze cens liures d'amende, confiscation
des exemplaires qui se trouueront contrefaits, & de
tous despens, dommages & interests, ainsi qu'il est
contenu plus au long ausdites Lettres de Priuilege.
DONNE à Paris le vingt-vniéme Ianuier 1637.
Signé, Par le Roy en son Conseil, CONRART.

Acheué d'imprimer le 9. Septembre 1637.

Les Exemplaires ont esté fournis ainsi qu'il est
porté par ledit Priuilege.

Et ledit Courbé a associé auec luy audit Priuilege, Fran-
çois Targa, suiuant le contract passé entr'eux pardeuant les
Notaires du Chastelet de Paris.

ACTEVRS.

GERASTE, pere de Daphnis.

POLEMON, oncle de Clarimond.

CLARIMOND, Amoureux de Daphnis.

FLORAME, Amant de Daphnis.

THEANTE, aussi Amoureux de Daphnis.

DAMON, Amy de Florame & de Theante.

DAPHNIS, Maistresse de Florame, & aymée de Clarimond & de Theante.

AMARANTE, suiuante de Daphnis.

CELIE, voisine de Geraste & sa confidente.

LA
SVIVANTE.
COMEDIE.

ACTE I.

SCENE PREMIERE.

DAMON, THEANTE.

DAMON.

AMY, i'ay beau reſuer, toute ma reſuerie
Ne me fait rien comprendre en ta galanterie:
Aupres de ta maiſtreſſe engager vn amy
C'eſt à mon iugement ne l'aimer qu'à demy;
Ton humeur qui s'en laſſe au changement l'inuite,
Et n'oſant la quitter, tu veux qu'elle te quitte.

A

LA SVIVANTE.

THEANTE.

Amy, n'y reſue plus, c'eſt en iuger trop bien
Pour t'oſer plaindre encor de n'y comprendre rien.
Quelques puiſſans appas que poſſede Amarante,
Ie treuue qu'apres tout ce n'eſt qu'vne Suiuante,
Et ie ne puis ſonger à ſa condition
Que mon amour ne cede à mon ambition.
Ainſi malgré l'ardeur qui pour elle me preſſe
A la fin i'ay leué mes yeux ſur ſa maiſtreſſe,
Oû mon deſſein plus haut & plus laborieux
Se promet des ſucceȝ beaucoup plus glorieux.
Mais lors, ſoit qu'Amarante euſt pour moy quelque
  flame,
Soit qu'elle penetraſt iuſqu'au fonds de mon ame,
Et que malicieuſe elle priſt du plaiſir
A rompre les effets de mon nouueau deſir,
Elle ſçauoit touſiours m'arreſter aupres d'elle
A tenir des propos d'vne ſuitte eternelle:
L'ardeur qui me bruſloit de parler à Daphnis
Me fourniſſoit en vain des detours infinis,
Ell' vſoit de ſes droits, & toute imperieuſe,
D'vne voix demy-gaye & demy-ſerieuſe,
Quand i'ay des ſeruiteurs c'eſt pour m'entretenir,
(Diſoit-elle) autrement ie les ſçay bien punir,
Leurs deuoirs pres de moy n'ont rien qui les excuſe.

DAMON.

Maintenant ie me doute à peu pres d'vne ruse
Que tout autre en ta place à peine entreprendroit.

THEANTE.

Escoute, & tu verras si ie suis mal adroit.
Tu sçais comme Florame à tous les beaux visages
Fait par ciuilité tousiours de feints hommages,
Et sans auoir d'amour offrant par tout des vœux
Tient pour manque d'esprit de veritables feux:
Vn iour qu'il se vantoit de ceste humeur estrange
A qui chaque obiet plaist, & que pas vn ne range,
Et reprochoit à tout que leur peu de beauté
Luy laissoit si long temps garder sa liberté;
Florame (disie alors) ton ame indifferente
Ne tiendroit que fort peu contre mon Amarante:
Theante (me dit-il) il faudroit l'esprouuer,
Mais l'esprouuant peut-estre on te feroit resuer,
Mon feu qui ne seroit que simple courtoisie
La rempliroit d'amour & toy de ialousie:
Moy de iurer que non, & luy de persister,
Tant que pour cette espreuue il me fit protester
Que ie luy cederois quelque temps ma maistresse;
Ainsi donc ie l'y meine, & par cette souplesse

Engageant Amarante & Florame au discours,
I'entretiens à loisir mes nouuelles amours.

DAMON.

Amarante à ce point fut-elle fort docile:

THEANTE.

Plus que ie n'esperois ie la trouuay facile,
Soit que ie luy donnasse vne fort douce loy,
Et qu'il fust à ses yeux plus aimable que moy,
Soit qu'elle fist dessein d'asseruir la franchise
D'vn qui la caiolloit ainsi par entreprise,
Elle perdit pour moy son importunité,
Et ne demanda plus tant d'assiduité:
L'aise de se voir seule à gouuerner Florame
Ne souffrit plus chez elle aucun soin de ma flame,
Et ce qu'elle goustoit auec luy de plaisirs
Luy fit abandonner mon ame a mes desirs.

DAMON.

On t'abuse, Theante, il faut que ie te die
Que Florame est atteint de mesme maladie,
Qu'il a dedans l'esprit mesmes desseins que toy
Et que c'est a Daphnis qu'il veut donner sa foy.
A seruir Amarante il met beaucoup d'estude,
Mais ce n'est qu'vn pretexte a faire vn habitude

Il accoustume ainsi ta Daphnis à le voir,
Et mesnage vn accez qu'il ne pouuoit auoir:
Sa richesse l'attire, & sa beauté le blesse,
Elle le passe en biens, il l'esgalle en Noblesse,
Et cherche ambitieux par sa possession
A releuer l'esclat de son extraction.
Il a peu de fortune & beaucoup de courage,
Et hors cette esperance il hait le mariage:
C'est ce que l'autre iour en secret il m'apprit,
Tu peux sur cet aduis lire dans son esprit.

THEANTE.

Parmy ces hauts proiets il manque de prudence
Puis qu'il traitte auec toy de telle confidence.

DAMON.

Croy qu'il m'esprouuera fidelle au dernier point
Lors que ton interest ne s'y meslera point.

THEANTE.

Ie dois l'attendre icy, quitte moy ie te prie
Qu'il ne se doute point de ta supercherie.

DAMON.

Adieu, ie suis à toy.

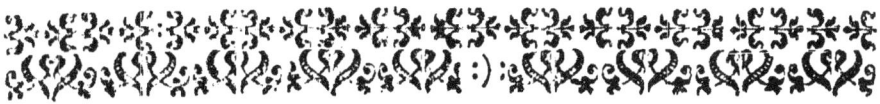

SCENE
SECONDE.

THEANTE.

Ar quel mal-heur fatal
Ay-ie donné moy-mesme entrée à mon riual?
De quelque trait rusé que mon esprit se vante
Ie me trompe moy-mesme en trompant Amarante,
Et choisis vn amy qui ne veut que m'oster
Ce que par luy ie tasche à me faciliter.
N'importe toutesfois qu'il brusle & qu'il souspire,
Ie sçay trop dextrement l'empescher d'en rien dire:
Amarante l'arreste & i'arreste Daphnis;
Ainsi tous entretiens d'entre eux deux sont bannis,
Et tant d'heur se rencontre en ma sage conduite
Qu'au langage des yeux son amour est reduite.
Mais n'est-ce pas assez pour se communiquer?
Que faut-il aux amants de plus pour s'expliquer?
Mesme ceux de Daphnis a tous coups luy respondent,
L'vn dans l'autre à tous coups leurs regards se con-
     fondent,

Et d'vn commun aduen ces muets truchemens
Ne se disent que trop leurs amoureux tourmens.
Quelles vaines frayeurs troublent ma fantaisie?
Que l'amour aisément panche à la ialousie!
Qu'on croit tost ce qu'on craint en ces perplexitez,
Où les moindres soupçons passent pour veritez!
Daphnis est fort aimable, & si Florame l'aime
Est-ce à dire pourtant qu'il soit aimé de mesme?
Florame auec raison adore tant d'appas,
Et Daphnis sans raison s'abaisseroit trop bas,
Ce feu si iuste en l'vn, en l'autre inexcusable
Rendroit l'vn glorieux & l'autre mesprisable.
Simple, l'amour peut-il escouter la raison?
Et mesme ces raisons sont-elles de saison?
Si Daphnis doit rougir en bruslant pour Florame
Qui l'en affranchiroit en secondant ma flame?
Estans tous deux égaux, il faut bien que nos feux
Luy soient à mesme honte ou mesme honneur tous
        deux:
Ou tous deux nous faisons vn dessein temeraire,
Ou nous auons tous deux mesme droit de luy plaire,
Si l'espoir m'est permis, il y peut aspirer;
Et s'il pretend trop haut, ie dois desesperer.
Mais le voicy venir.

SCENE
TROISIESME.

THEANTE, FLORAME.

THEANTE.

TV me fais bien attendre.

FLORAME.

Encor est-ce à regret qu'icy ie me viens rendre,
Et comme vn criminel qu'on traine à sa prison.

THEANTE.

Tu ne fais qu'en raillant cette comparaison.

FLORAME.

Elle n'est que trop vraye.

THEANTE.

Et ton indifference?

FLORAME.

FLORAME.

La conseruer encor! le moyen? l'aparence?
Ie m'estois pleu tousiours d'aimer en mille lieux,
Voyant vne beauté mon cœur suiuoit mes yeux;
Mais de quelques attrais que le Ciel l'eust pourueuë,
J'en perdois la memoire aussi tost que la veuë,
Et bien que mes discours luy donnassent ma foy
De retour au logis ie me treuuois à moy.
Cette façon d'aimer me sembloit fort commode,
Et maintenant encor ie viurois à ma mode,
Mais l'obiet d'Amarante est trop embarassant,
Ce n'est point vn visage à ne voir qu'en passant;
Vn ie ne sçay quel charme aupres d'elle m'attache,
Ie ne la puis quitter que le iour ne se cache:
Encor n'est-ce pas tout, son image me suit,
Et me vient au lieu d'elle entretenir la nuit,
Elle entre effrontément iusques dedans ma couche,
Me redit ses propos, me presente sa bouche.
Theante, ou permets moy de n'en plus approcher,
Ou songe que mon cœur n'est pas fait d'vn rocher,
Ses beautez, à la fin me rendroient infidelle.

THEANTE.

Deuiens-le si tu veux, ie suis asseuré d'elle,

Et quand il te faudra tout de bon l'adorer,
Ie prendray du plaisir à te voir soûspirer,
Et toy sans aucun fruit tu porteras la peine
D'auoir tant persisté dans vne humeur si vaine.
Quand tu ne pourras plus te passer de la voir
C'est alors que ie veux t'en oster le pouuoir;
I'attens pour te punir à reprendre ma place,
Qu'il ne soit plus en toy de retrouuer ta glace,
A present tu n'en tiens encore qu'à demy.

FLORAME.

Cruel, est-ce là donc me traitter en amy?
Garde pour chastiment de cet iniuste outrage
Qu'en ma faueur le Ciel ne tourne son courage,
Et dispose Amarante à seconder mes vœux,

THEANTE.

A cela prés poursuy, gaigne la si tu peux,
Ie ne m'en prendray lors qu'à ma seule imprudence,
Et demeurant ensemble en bonne intelligence,
En despit du mal-heur que i'auray merité
I'aimeray le Riual qui m'aura supplanté.

FLORAME.

Amy, qu'il vaut bien mieux ne tomber point en peine
De faire à tes despens cette épreuue incertaine!

Ie me confesse pris, ie quitte, i'ay perdu,
Que veux-tu plus de moy? reprens ce qui t'est deu.
Separer dauantage vne amour si parfaite!
Continuer encor la faute que i'ay faite!
Elle n'est que trop grande, & pour la reparer
I'empescheray Daphnis de plus vous separer:
Pour peu qu'à mes discours ie la treuue accessible,
Vous iouïrez vous deux d'vn entretien paisible,
Ie sçauray l'amuser, & vos feux redoublez,
Par son fascheux abord ne seront plus troublez.

THEANTE.

Ce seroit prendre vn soin qui n'est pas necessaire,
Daphnis sceut d'elle mesme assez bien se distraire,
Et iamais son abord ne trouble nos plaisirs,
Tant elle est complaisante à nos chastes desirs.

B ij

SCENE
QVATRIESME.

FLORAME, THEANTE, AMARANTE.

THEANTE.

Mon cœur, deploye ici tes meilleurs artifices,
(Mais toutesfois sans metre en oubli mes
    seruices)
Ie t'ameine vn captif qui te veut échaper.

AMARANTE.

Quelque echapé qu'il fust, ie sçaurois l'atraper.

THEANTE.

Voy qu'en sa liberté ta gloire se hazarde.

AMARANTE.

Allez, laissez-le moy, i'y feray bonne garde,
Daphnis est au iardin.

FLORAME.

Sans plus vous desunir
Souffre qu'au lieu de toy ie l'aille entretenir.

SCENE

CINQVIESME.

AMARANTE, FLORAME.

AMARANTE.

Aissez, mon Caualier, laissez aller Theante,
Il porte assez au cœur le portrait d'Amarãte,
Ie n'aprehende point qu'on l'en puisse effacer :
C'est au vostre à present que ie le veux tracer,
Et la difficulté d'vne telle victoire
Augmente mon enuie en augmentant la gloire.

FLORAME.

Aurez-vous quelque gloire à me faire souffrir?

AMARANTE.

Bien plus que d'aucuns vœux que l'on me peut offrir.

FLORAME.

Vous plaisez-vous à ceux d'vne ame si contrainte
Qu'vne vieille amitié retient tousiours en crainte?

AMARANTE.

Vous n'estes pas encore au point où ie vous veux,
Toute amitié se meurt où naissent de vrais feux.

FLORAME.

De vray contre ses droits mon esprit se rebelle,
Mais seriez-vous estat d'vn amant infidelle?

AMARANTE.

Ie ne prendray iamais pour vn manque de foy
D'oublier vn amy pour se donner à moy.

FLORAME.

Encore si i'auois tant soit peu d'esperance
De vous voir fauorable à ma perseuerance,
Que vous peußiez m'aimer apres tant de tour-
ment,
Et d'vn mauuais amy faire vn heureux amant.
Mais, helas! ie vous sers, ie vy sous vostre empire,
Et ie ne puis pretendre où mon desir aspire:

Theante (ah! nom fatal pour me combler d'ennuy)
Vous demandez mon cœur & le vostre est à luy!
Et mon sterile amour n'aura que des suplices!
Trouuez bon que i'adresse autrepart mes seruices,
Contraint manque d'espoir de vous abandonner.

AMARANTE.

S'il ne tient qu'à cela ie vous en veux donner.
Aprenez que chez moy c'est vn foible auantage
De m'auoir de ses vœux le premier fait hommage;
Le merite y fait tout, & tel plaist à mes yeux
Que ie negligerois pres d'vn qui valust mieux;
Luy seul de mes amants regle la difference,
Sans que le temps leur donne aucune preference.

FLORAME.

Vous ne flattez mes sens que pour m'embarasser.

AMARANTE.

Peut-estre, mais en fin il le faut confesser,
Vous vous trouueriez mieux aupres de ma maistresse?

FLORAME.

Ne pensez pas...

AMARANTE.

Non, non, c'est là ce qui vous presse;

Allons dans le iardin ensemble la chercher.
Que i'ay sceu dextrement à ses yeux la cacher!

SCENE
SIXIESME.

DAPHNIS, THEANTE.

DAPHNIS.

Oyez, comme tous deux fuyent nostre rencontre,
Ie vous l'ay desia dit, & l'effet vous le monstre,
Vous perdez Amarante, & cet amy fardé
Se saisit finement d'vn bien si mal gardé,
Vous deuez vous lasser de tant de patience,
Et vostre seureté n'est qu'en la deffiance.

THEANTE.

Ie connois Amarante, & ma facilité
Establit mon repos sur sa fidelité,
Elle rit de Florame, & de ses flateries,
Qui ne sont en effet que des galanteries.

DAPHNIS

DAPHNIS.

Amarante de vray n'aime pas à changer,
Mais voſtre peu de ſoin l'y pourroit engager,
On neglige aiſément vn homme qui neglige,
Son naturel eſt vain, & qui la ſert l'oblige.
D'ailleurs les nouueautez ont de puiſſans appas.
Theante croyez moy, ne vous y fiez pas,
I'ay ſondé ſon eſprit touchant cette matiere,
Où i'ay peu remarqué de ſon ardeur premiere,
Et ſi Florame auoit pour elle quelque amour
Elle pourroit bien toſt vous faire vn mauuais tour.
Mais afin que l'iſſuë en ſoit pour vous meilleure,
Laiſſez moy ce cauſeur à gouuerner vne heure,
I'ay tant de paſſion pour tous vos intereſts
Qu'en moins de rien ma ruſe en tire les ſecrets.

THEANTE.

C'eſt vn trop bas employ pour vn ſi grand merite,
Et quand bien Amarante en ſeroit là reduite,
Que de ſe voir pour luy dans quelque emotion,
I'etouffe en moins de rien cette inclination.
Qu'il ſe mette à loiſir s'il peut dans ſon courage,
Vn moment de ma veuë en efface l'image,
Nous nous reſſemblons mal, & pour ce changement
Cette belle maiſtreſſe a trop de iugement.

C

DAPHNIS.

Vous le mesprisez trop, ie treuue en luy des charmes
Qui vous deuroient du moins donner quelques alar-
    mes:
Clarimond n'a de moy qu'vn excez de rigueur,
Mais s'il luy ressembloit il toucheroit mon cœur.

THEANTE.

Vous en parlez ainsi faute de le connoistre.

DAPHNIS.

Mais i'en iuge suiuant ce que ie voy paroistre.

THEANTE.

Quoy qu'il en soit, l'honneur de vous entretenir...

DAPHNIS.

Laissons-là ce discours, ie l'apperçoy venir.
Amarante ce semble en est fort satisfaite.

SCENE
SEPTIESME.

DAPHNIS, FLORAME, AMARANTE.

THEANTE.

Et t'attendois, amy, pour faire la retraitte,
L'heure de difner preffe, & nous incom-
  modons
Celle qu'en nos difcours icy nous rètardons.

DAPHNIS.

Il n'eft pas encor tard.

THEANTE.

Nous ferions confcience
D'abufer plus long temps de voftre patience.

FLORAME.

Madame, excufez donc cefte inciuilité
Dont l'heure nous impofe vne neceßité.

C iij

DAPHNIS.

Sa force vous excuse, & ie lis dans voftre ame
Qu'à regret vous quittez l'obiet de voftre flame.

SCENE
HVICTIESME.

AMARANTE, DAPHNIS.

DAPHNIS.

Ette affiduité de Florame auec vous
A la fin a rendu Theante vn peu ialoux.
Auffi de vous y voir tous les iours attachée
Quelle puiffante amour n'en feroit pas faschée?
Ie viens d'examiner fon efprit en paffant,
Mais vous ne croiriez pas l'ennuy qu'il en reffent,
Vous y deuez pouruoir, & fi vous eftes fage
Il faut à cet amy faire mauuais vifage,
Luy fauffer compagnie, euiter fes difcours,
Ce font pour l'appaifer les chemins les plus cours:
Sinon, faites eftat qu'il va courir au change.

AMARANTE.

Il seroit en ce cas d'vne humeur bien estrange:
A sa priere seule, & pour le contenter
I'escoute cet amy quand il m'en vient conter;
Et pour vous dire tout, cet amant infidelle
Ne m'aime pas assez pour en estre en céruelle,
Il forme des desseins beaucoup plus releuez,
Et de plus beaux pourtraits en son cœur sont grauez:
Mes yeux pour l'asseruir ont de trop foibles armes,
Il voudroit pour m'aimer que i'eusse d'autres char-
  mes,
Que l'esclat de mon sang mieux soustenu de biens
Ne fust point raualé par le rang que ie tiens;
En fin (que seruiroit aussi bien de le taire?)
Sa vanité le porte au soucy de vous plaire.

DAPHNIS.

En ce cas il verra que ie sçay comme il faut
Punir des insolents qui pretendent trop haut.

AMARANTE.

Ie luy veux quelque bien puis que chãgeant de flame
Vous voyez par pitié qu'il me laisse Florame,
Qui n'estant pas si vain a plus de fermeté.

DAPHNIS.

Amarante, apres tout, disons la verité,
Theante n'est si vain qu'en vostre fantaisie,
Et toute sa froideur naist de sa ialousie.
C'est chose au demeurant qui ne me touche en rien,
Et ce que ie vous dis n'est que pour vostre bien.

SCENE
NEVFVIESME.

AMARANTE.

POVR peu sçauant qu'on soit aux mouue-
mens de l'ame   (rame,
On deuine aisément qu'elle en veut à Flo-
Sa fermeté pour moy que ie vantois à faux
Luy portoit dans l'esprit de terribles assauts,
Sa surprise à ce mot a paru manifeste,
Son teint en a changé, sa parole, son geste,
L'entretien que i'en ay luy sembleroit bien doux,
Et ie croy que Theante en est le moins ialoux.
Ce n'est pas d'auiourd'huy que ie m'en suis doutée:
Estre tousiours des yeux sur vn homme arrestée,

Dans ſon manque de biens deplorer ſon mal-heur,
Iuger à ſa façon qu'il a de la valeur,
M'informer ſi l'eſprit en reſpond à la mine,
Tout cela de ſes feux euſt inſtruit la moins fine.
Florame en eſt de meſme, il meurt de luy parler,
Et s'il peut d'auec moy iamais ſe demeſler
C'en eſt fait, ie le pers. L'impertinente crainte!
Que m'importe de perdre vne amitie ſi feinte?
Dois-ie pas m'ennuyer de ſon diſcours moqueur,
Ou ſa langue iamais n'a l'adueu de ſon cœur?
Non, ie ne le ſçaurois, & quoy qu'il m'en arriue
Ie feray mes effors afin qu'on ne m'en priue,
Et i'y veux employer de ſi ruſez deſtours,
Qu'ils n'auront de lōg temps le fruit de leurs amours.

ACTE II.

SCENE PREMIERE.

GERASTE, CELIE.

CELIE.

I'en bien i en parleray, mais songez qu'à voſtre aage
Mille accidents faſcheux ſuiuent le mariage,
On aime rarement de ſi ſages eſpoux.
Et c'eſt vn grand bon heur s'ils ne ſont que ialoux:
Tout leur nuit, & l'abord d'vne mouche les bleſſe;
D'ailleurs dans leur deuoir leur ſanté s'intereſſe,
Et quelque long chemin que ſoit celuy des cieux
L'himen l'accourcit bien à des hommes ſi vieux.

GERASTE.

Excuſe, ou pour le moins pardonne à ma folie,
Le ſort en eſt ietté, v.s ma pauure Celie,

Va trouuer la beauté qui me tient sous sa loy,
Flatte la de ma part, promets luy tout de moy;
Dy luy que si l'amour d'vn vieillard l'importune
Elle fait vne planche à sa bonne fortune,
Que l'excez de mes biens à force de presens
Repare la vigueur qui manque à mes vieux ans,
Qu'il ne luy peut eschoir de meilleure auanture.

CELIE.

Ie n'ay que faire icy de vostre tablature,
Sans vos instructions ie sçay trop comme il faut
Couler tout doucement sur ce qui vous defaut.

GERASTE.

M'à force à t'escouter semble toute passée.
Ie ne suis pas encor d'vne aage si cassée,
Et ne croy pas auoir vsé tous mes beaux iours.

CELIE.

Ne m'estourdissez point auec ces vains discours,
Il suffit que vostre ame est tellement éprise
Que vous allez mourir si vous n'auez Florise :
Il y faudra tascher.

GERASTE.

Que voila froidement
Me promettre ton aide à finir mon tourment!

D

CELIE.

Faut-il aller plus viste? & bien, voila son frere,
Ie m'en vay deuant vous luy proposer l'affaire.

GERASTE.

Ce seroit tout gaster, arreste, & par douceur
Essaye auparauant d'y resoudre la sœur.

SCENE SECONDE.

FLORAME.

Amais ne verray-ie finie
Cette incommode affection
Dont l'importune tirannie
Rompt le cours de ma passion?
Ie feins & ie fais naistre vn feu si veritable,
Qu'à force d'estre aimé ie deuiens miserable.
Toy qui m'assieges tout le iour,
Fascheuse cause de ma peine,
Amarante de qui l'amour
Commence à meriter ma haine,

Relafche vn peu tes foins puis qu'ils font fuperflus,
Ie te voudray du bien de ne m'en vouloir plus.
   Dans vne ardeur fi violente
  Si prés de mes chaftes defirs,
  Penfes-tu que ie me contente
  D'vn regard & de deux foupirs,
Et que ie fouffre encor cet iniufte partage
Où tu tiens mes difcours & Daphnis mon courage?
   Si i'ay feint pour toy quelques feux,
  C'eft à quoy plus rien ne m'oblige:
  Quand on a l'effet de fes vœux
  Ce qu'on adoroit fe neglige,
Ie ne voulois de toy qu'vn accez chez Daphnis,
Amarante ie l'ay, mes amours font finis.
   Theante reprens ta maiftreffe,
  N'ofte plus à mes entretiens
  L'vnique fuiet qui me bleffe,
  Et qui peut-eftre eft las des tiens:
Et toy, puiffant amour, fais en fin que i'obtienne
Vn peu de liberté pour luy donner la mienne.

        D ij

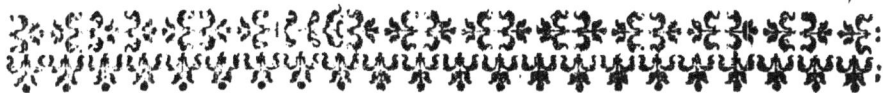

SCENE
TROISIESME.

AMARANTE, FLORAME.

AMARANTE.

Ve vous voila soudain de retour en ces lieux!

FLORAME.

Vous iugereʒ par là du pouuoir de vos yeux.

AMARANTE.

Autre obiet que mes yeux deuers nous vous attire.

FLORAME.

Autre obiet que vos yeux ne cause mon martire.

AMARANTE.

Vostre martire donc est de perdre auec moy
Vn temps dont vous voulez faire vn meilleur employ.

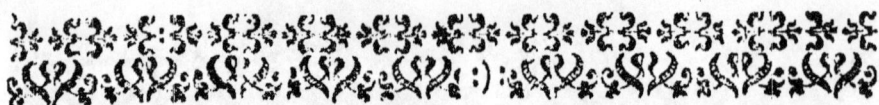

SCENE QVATRIESME.

DAPHNIS, AMARANTE, FLORAME.

DAPHNIS.

Marante, allez voir si dans la galerie
Ils ont bien tost tendu cette tapisserie,
Ces gés là ne font rien si l'on n'a l'œil sur eux.

SCENE CINQVIESME.

DAPHNIS, FLORAME.

DAPHNIS.

E romps pour quelque temps le discours de vos
feux.

FLORAME.

N'appelez point des feux vn peu de complaisance,
Qu'estouffe, & que d'abord esteint vostre presence.

DAPHNIS.

Vostre amour est trop forte, & vos cœurs trop vnis,
Pour l'oublier soudain à l'abord de Daphnis,
Et vos ciuilitez estant dans l'impossible
Vous rendent bien flateur, mais non pas insensible.

FLORAME.

Quoy que vous estimiez de ma ciuilité
Ie ne me picque point d'insensibilité;
I'aime, il n'est que trop vray, ie brusle, ie souspire,
Mais vn plus haut suiet me tient sous son empire.

DAPHNIS.

Le nom ne s'en dit point?

FLORAME.

　　　　　　　Ie ry de ces amants
Dont l'importun respect redouble les tourments,
Et qui pour les cacher se faisant violence
Pensent fort auancer par vn honteux silence.

Pour moy i'ay toufiours creu qu'vn amour vertueux
Ne peut eftre blafmé, bien que prefomptueux,
I'aduoüeray donc mon feu, quelque haut qu'il fe
monte,
Et ma temerité ne me fait point de honte.
Ce rare & haut fuiet...

SCENE

SIXIESME.

DAPHNIS, AMARANTE, FLORAME.

AMARANTE.

Out eft prefque tendu.

DAPHNIS.

Vous n'auez auprès d'eux gueres de temps perdu!

AMARANTE.

Ne leur feruant de rien ie m'en fuis reuenuë.

DAPHNIS.

I'ay peur de m'enrumer au froid qui continuë,

LA SVIVANTE.

Allez au cabinet me querir vn mouchoir.

AMARANTE.

Donnez - m'en donc la clef.

DAPHNIS.

Ie l'auray laiſſé choir.
Taſchez de la trouuer.

SCENE
SEPTIESME.

DAPHNIS, FLORAME,

DAPHNIS.

I'Ay creu que ceſte belle
Ne pouuoit à propos ſe nommer deuant elle,
Qui receuant par là quelque eſpece d'affront
En auroit eu ſoudain la rougeur ſur le front.

FLORAME.

Sans affront ie la quitte, & luy préfere vn autre,
Dont le merite eſgal, le rang pareil au voſtre,

Leſprit

L'esprit & les attraits egalement puissants
Ne deuroient de ma part auoir que des encens.
Ouy, sa perfection comme la vostre extresme
N'a que de vous pareille, en vn mot, c'est

DAPHNIS.

moy-mesme.

Ie voy bien que c'est là que vous voulez venir,
Non tant pour m'obliger, comme pour me punir:
Ma curiosité s'est renduë indiscrette
A vous trop informer d'vne flame secrette,
Mais bien qu'elle en reçoiue vn iuste chastiment
Vous pouuiez me traitter vn peu plus doucement,
Sans me faire rougir il vous deuoit suffire
De me taire l'obiet dont vous aimez l'empire,
En nommer vn au lieu qui ne vous touche pas
N'est que faire vn reproche à son manque d'appas.

FLORAME.

Veu le peu que ie suis vous dedaignez de croire
Vne si mal-heureuse & si basse victoire;
Mon cœur est vn captif si peu digne de vous
Que vos yeux en voudroient desaduouër leurs coups,
Ou peut-estre mon sort me rend si miserable
Que ma temerité vous deuient incroyable.

B.

Mais quoy que deformais il m'en puisse arriuer,
Ie fais vœu...

SCENE

HVICTIESME.

DAPHNIS, AMARANTE, FLORAME.

AMARANTE.

VOstre clef ne se sçauroit trouuer.

DAPHNIS.

Bien donc, à faute d'autre, & comme par brauade,
Voicy qui seruira de mouchoir de parade.
En fin ce Caualier que nous vismes au bal
Vous trouuez comme moy qu'il ne danse pas mal?

FLORAME.

Ie ne le vis iamais mieux sur sa bonne mine.

DAPHNIS.

Il s'estoit si bien mis pour l'amour de Clarine.

A propos de Clarine, il m'eſtoit echappé
Qu'elle a depuis long temps à moy du point-coupé,
Allez, & dites-luy qu'elle me le renuoye.

AMARANTE.

Il eſt hors d'apparence auiourd'huy qu'on la voye,
Dés vne heure au plus tarde lle deuoit ſortir.

DAPHNIS.

Son Cocher n'eſt iamais ſi toſt preſt à partir,
Et d'ailleurs ſon logis n'eſt pas au bout du monde,
Vous perdrez peu de pas. Quoy qu'elle vous reſ-
    ponde
Dittes-luy nettement que ie le veux auoir.

AMARANTE.

A vous le rapporter ie ſeray mon pouuoir.

SCENE

NEVFVIESME.

FLORAME, DAPHNIS.

FLORAME.

'EST à vous maintenant d'ordonner mon supplice,
Seure que sa rigueur n'aura point d'iniustice.

DAPHNIS.

Vous voyez qu' Amarante a pour vous de l'amour,
Et ne manquera pas d'estre tost de retour:
Bien que ie peusse encor vser de ma puissance,
Il vaut mieux mesnager le temps de son absence;
Doncques sans plus le perdre en discours superflus
Ie croy que vous m'aimez, n'attendez rien de plus,
Florame, ie suis fille, & ie depends d'vn pere.

FLORAME.

Mais de vostre costé que faut-il que i'espere?

DAPHNIS.

Si ma ialouse encor vous rencontroit icy,
Ce qu'elle a de soupçons seroit trop esclarcy:
Laissez moy seule, allez.

FLORAME.

Se peut-il que Florame
Souffre d'estre si tost separé de son ame?
Ouy, l'honneur d'obeïr à vos commandemens
Luy doit estre plus cher que ses contentemens.

S'CENE
DIXIESME.

DAPHNIS.

On amour par ses yeux plus forte deuenuë
L'eust bien tost emporté dessus ma retenuë,
Et ie sentois mes feux tellement s'embraser
Qu'il n'estoit pas en moy de les plus maistriser.
I'auois peur d'en trop dire, & cruelle à moy-mesme,
Parce que i'aime trop, i'ay banny ce que i'aime,

Ie me treuue captiue en de si beaux liens
Que ie meurs qu'il le sçache, & i'en fuy les moyens.
Quelle importune loy que ceste modestie,
Par qui nostre apparence en glace conuertie
Estouffe dans la bouche, & nourrit dans le cœur,
Vn feu dont la contrainte augmente la vigueur!
Que ie t'aime, Florame, encor que ie le taise!
Et que ie songe peu dans l'excés de ma braise
A ce qu'en nos destins contre nous irritez
Le merite & les biens font d'inegalitez!
Aussi l'vne est par où de bien loin tu me passes,
Et l'autre seulement est pour les ames basses,
Et ce penser flatteur me fait croire aisement
Que mon pere sera d'vn mesme sentiment.
Helas! c'est en effet bien flatter mon courage
D'accommoder son sens aux desirs de mon aage,
Il void par d'autres yeux, & veut d'autres appas.

SCENE
VNZIESME.

DAPHNIS, AMARANTE.

AMARANTE.

IE vous auois bien dit qu'elle n'y seroit pas,

DAPHNIS.

Que vous auez tardé pour ne trouuer personne!

AMARANTE.

Ce reproche vrayement ne peut qu'il ne m'estonne,
Pour reuenir plus viste il eust falu voler.

DAPHNIS.

Florame cependant qui vient de s'en aller
A la fin malgré moy s'est ennuyé d'attendre.

AMARANTE.

C'est chose toutesfois que ie ne puis comprendre:

Des hommes de merite & d'esprit comme luy
N'ont iamais auec vous aucun suiet d'ennuy,
Vostre ame genereuse a trop de courtoisie.

DAPHNIS.

Et la vostre amoureuse vn peu de ialousie.

AMARANTE.

De vray ie goustois mal de faire tant de tours,
Et perdois à regret ma part de ses discours.

DAPHNIS.

Aussi ie me trouuois si pronptement seruie
Que ie me doutois bien qu'on me portoit enuie.
En vn mot, l'aimez-vous?

AMARANTE.

Ie l'aime aucunement,
Non pas iusques à troubler vostre contentement,
Mais si son entretien n'a point dequoy vous plaire,
Vous m'obligerez fort de ne m'en plus distraire.

DAPHNIS.

Mais au cas qu'il me pleust?

AMARANTE.

AMARANTE.

Il faudroit vous ceder.
C'eſt ainſi qu'auec vous ie ne puis rien garder,
Au moindre feu pour moy qu'vn amant faitpa-
    roiſtre
Par curioſité vous le voulez cognoiſtre,
Et quand il a gouſté d'vn ſi doux entretien
Ie puis dire dés lors que ie ne tiens plus rien.
C'eſt ainſi que Theante a negligé ma flame,
Encor tout de nouueau vous m'enleuez Florame:
Si vous continuez à rompre ainſi mes coups,
Ie ne ſçay tantoſt plus comme viure auec vous.

DAPHNIS.

Sans colere, Amarante, il ſemble à vous entendre
Qu'en meſme lieu que vous ie vouluſſe pretendre.
Allez, aſſurez-vous que mes contentemens
Ne vous déroberont aucuns de vos amans,
Et pour vous en donner la preuue plus expreſſe
Voilà voſtre Theante auec qui ie vous laiſſe.

F

SCENE
DOVZIESME.

THEANTE, AMARANTE.

THEANTE.

On Cœur, ſi tu me vois ſans Florame auiour-
　　　d'huy,
Sçache que tout exprés ie m'eſchappe de luy;
Las de ceder ma place à ſon diſcours friuole,
Et n'oſant toutesfois luy manquer de parole,
Ie pratique vn quart d'heure à mes affections.

AMARANTE.

Ma maiſtreſſe liſoit dans tes intentions:
Tu vois à ton abord comme elle a fait retraite,
De peur d'incommoder vne amour ſi parfaite.

THEANTE.

Je ne la ſçaurois croire obligeante à ce point.
Ce qui la fait partir ne ſe dira-t'il point?

AMARANTE.

Veux-tu que ie t'en parle auec toute franchise?
C'est la mauuaise humeur où Florame l'a mise.

THEANTE.

Florame!

AMARANTE.

Ouy, ce causeur vouloit l'entretenir,
Mais il aura perdu le goust d'y reuenir,
Elle n'a que fort peu souffert sa compagnie,
Et vous l'a chassé presque auec ignominie.
De despit cependant ses mouuements aigris
Ne veulent auiourd'huy traiter que de mespris,
Et l'vnique raison qui fait qu'elle me quitte
C'est l'estime où te met pres d'elle ton merite:
Elle ne voudroit pas te voir mal satisfait,
Ny rompre sur le champ le dessein qu'elle a fait.

THEANTE.

I'ay regret que Florame ait receu cette honte,
Mais en fin aupres d'elle il treuue mal son compte?

AMARANTE.

Aussi c'est vn discours ennuyeux que le sien,
Et veritablement si ie ne t'aimois bien

Ie l'enuoyerois bien tost porter ailleurs ses feintes:
Mais puis que tu le veux, i'accepte ces contraintes.

THEANTE.

Et ie m'asseure aussi tellement en ta foy,
Que bien que tout le iour il caiolle auec toy,
Mon esprit te conserue vne amitié si pure
Que sans estre ialoux ie le vois & l'endure.

AMARANTE.

Comment le serois-tu pour vn si triste obiet?
Ses imperfections t'en ostent tout suiet.
C'est à toy d'admirer qu'encor qu'vn beau visage
Dedans ses entretiens incessamment t'engage,
I'ay pour toy tant d'amour & si peu de soupçon
Que ie n'en suis ialouse en aucune façon:
C'est aimer puissamment que d'aimer de la sorte.
Mais mon affection est bien encor plus forte;
Tu sçais (& ie le dis sans te mésestimer)
Que quand bien ma maistresse aura sceu te charmer,
Vostre inesgalité mettroit hors d'esperance
Les fruits qui seroient deubz à ta perseuerance:
Pleust à Dieu que le Ciel te donnast assez d'heur
Pour faire naistre en elle autant que i'ay d'ardeur!
L'aise de voir la porte à ta fortune ouuerte
Me feroit librement consentir à ma perte.

THEANTE.

Ie te souhaitte vn change autant aduantageux.
Pleust à Dieu que le sort te fust moins outrageux,
Ou que iusqu'à ce point il t'eust fauorisée
Que Florame fust Prince & qu'il t'eust espousée!
Ie prise auprès des tiens si peu mes interests,
Que bien que i'en sentisse au cœur mille regrets,
Et que de desplaisir il m'en coustast la vie
Ie me la tiendrois lors heureusement rauie.

AMARANTE.

Ie ne voudrois point d'heur qui vinst auec ta mort,
Et Damon que voila n'en seroit pas d'accord.

THEANTE.

Il a mine d'auoir quelque chose à me dire.

AMARANTE.

Ma presence y nuiroit, Adieu, ie me retire.

THEANTE.

Arreste, nous pourrons nous voir tout à loisir,
Rien ne le presse.

SCENE
TREZIESME.

THEANTE, DAMON.

THEANTE.

My, que tu m'as fait plaisir!
J'estois fort à la gesne auec cette Suiuante.

DAMON.

Celle qui te charmoit te deuient bien pesante.

THEANTE.

Ie l'aime encor pourtant, mais mon ambition
Ne laisse point agir mon inclination,
Et bien que sur mon cœur elle soit la plus forte,
Tous mes desirs ne vont qu'où mon dessein les porte.
Au reste i'ay sondé l'esprit de mon Riual.

DAMON.

Et cognu?

THEANTE.

Qu'il n'est pas pour me faire grand mal.

Amarante m'en vient d'apprendre vne nouuelle,
Qui ne me permet plus que i'en fois en ceruelle.
Il a veu...

DAMON.

Quy?

THEANTE.

Daphnis, & n'en a remporté
Que ce qu'elle deuoit à fa temerité.

DAMON.

Comme quoy?

THEANTE.

Des mespris, des rigueurs nompareilles.

DAMON.

As-tu bien de la foy pour de telles merueilles?

THEANTE.

Celle dont ie les tiens en parle affeurément.

DAMON.

Pour vn homme fin on te dupe aifément.
Amarante elle-mefme en eft mal fatisfaite,
Et ne t'a rien conté que ce qu'elle fouhaite,

Pour seconder Florame en ses intentions
On l'auoit écartée à des commißions:
Ie le viens de trouuer, rauy, transporté d'aise
D'auoir eu les moyens de declarer sa braise,
Et qui presume tant de ses prosperitez,
Qu'il croit ses vœux receus puis qu'ils sont escoutez.
Et certes son espoir n'est pas hors d'apparence,
Apres ce bon accueil & cette conference
Dont Daphnis elle-mesme a fait l'occasion,
I'en crains fort vn succés à ta confusion;
Taschons d'y donner ordre, & sans plus de langage
Aduisé en quoy tu veux employer mon courage.

THEANTE.

Luy disputer vn bien où i'ay si peu de part,
Ce seroit m'exposer pour quelqu'autre au hazard:
Le Duel est facheux, & quoy qu'il en arriue
De sa poßeßion l'vn & l'autre il nous priue,
Puisque de deux Riuaux, l'vn mort, l'autre s'enfuit
Tandis que de sa peine vn troisiesme a le fruit.
A croire son courage en amour on s'abuse,
La valeur d'ordinaire y sert moins que la ruse.

DAMON.

Auant que passer outre, vn peu d'attention.

THEANTE.

THEANTE.

Te viens-tu d'auiser de quelque inuention?

DAMON.

Ouy, ta seule maxime en fonde l'entreprise.
Clarimond voit Daphnis, il l'aime, il la courtise,
Et quoy qu'il n'en reçoiue encor que des mespris,
Vn moment de bon-heur luy peut gaigner ce prix.

THEANTE.

Ce riual est bien moins à redouter qu'a plaindre.

DAMON.

Ie veux que de sa part tu ne doiues rien craindre,
N'est-ce pas le plus seur qu'vn duël haZardeux
Entre Florame & luy les en priue tous deux?

THEANTE.

Crois-tu qu'auec Florame aisément on l'engage?

DAMON.

Ie l'y resoudray trop auec vn peu d'ombrage:
Vn amant dédaigné ne voit pas de bon œil

G

Ceux qui du mesme objet ont vn plus doux accueil,
Des faueurs qu'on leur fait il forme ses offences,
Et pour peu qu'on le pousse, il a des violences
Qui portent son couroux jusqu'aux extremitez.
Nous les verrions par là l'vn & l'autre écartez.

THEANTE.

Ouy, mais s'il t'obligeoit d'en porter la parole?

DAMON.

Tu te mets en l'esprit vne crainte friuole,
Mon peril de ces lieux ne te bannira pas,
Et moy pour te seruir je courrois au trépas.

THEANTE.

En mesme occasion dispose de ma vie,
Et sois seur que pour toy i'auray la mesme enuie.

DAMON.

Allons, ces complimens en retardent l'effet.

THEANTE.

Le Ciel ne vit iamais vn amy si parfait.

ACTE III.
SCENE I.

FLORAME, CELIE.

FLORAME.

E N fin quelque froideur que t'ait monſtré
    Floriſe,
Aux volontez d'vn frere elle s'en eſt re-
    miſe.

CELIE.

Quoy qu'elle s'en rapporte à vous entierement,
Vous luy feriez plaiſir d'en vſer autrement,
Les amours d'vn vieillard ſont d'vne foible amor-
    ce.

FLORAME.

Que veux-tu? ſon eſprit ſe fait vn peu de force,
Elle ſe ſacrifie à mes contentemens,

Et pour mes interests contraint ses sentimens.
Asseure donc Geraste, en me donnant sa fille,
Qu'il gaigne en vn moment toute nostre famille,
Et que tout vieil qu'il est, cette condition
Ne laisse aucun obstacle à son affection.
Mais aussi de Florise il ne doit rien pretendre,
A moins que d'accepter Florame pour son gendre.

CELIE.

Plaisez-vous à Daphnis? c'est là le principal.

FLORAME.

Elle a trop de bonté pour me vouloir du mal.
D'ailleurs sa resistance obscurciroit sa gloire,
Ie la meriterois si ie la pouuois croire.
La voila qu'vn riual m'empesche d'aborder,
Ce qu'il est plus que moy m'oblige à luy ceder,
Et la pitié que i'ay d'vn amant si fidelle
Luy veut donner loisir d'estre dédaigné d'elle.

SCENE
SECONDE.

CLARIMOND, DAPHNIS.
CLARIMOND.

Es dédains rigoureux dureront-ils tous-
jours?

DAPHNIS.

Non, ils ne dureront qu'autant que vos amours.

CLARIMOND.

C'est prescrire à mes feux des loix bien inhumaines!

DAPHNIS.

Faites finir vos feux, ie finiray leurs peines.

CLARIMOND.

Le moyen de forcer mon inclination?

DAPHNIS:

Le moyen de souffrir vostre obstination?

CLARIMOND.

Qui ne s'obstineroit en vous voyant si belle?

DAPHNIS.

Qui vous pourroit aimer vous voyant si rebelle?

CLARIMOND.

Est-ce rebellion que d'auoir trop de feu?

DAPHNIS.

Pour auoir trop d'amour c'est m'obeïr trop peu.

CLARIMOND.

La puissance qu'Amour sur moy vous a donnée

DAPHNIS.

D'aucune exception ne doit estre bornée.

CLARIMOND.

Essayez autrement ce pouuoir souuerain.

DAPHNIS.

Cet essay me fait voir que ie commande en vain.

CLARIMOND.

C'est vn injuste essay qui feroit ma ruine.

DAPHNIS.

Ce n'est plus obeïr depuis qu'on examine.

CLARIMOND.

Mais l'amour vous défend vn tel commandement.

DAPHNIS.

Et moy ie me défens vn plus doux traitement.

CLARIMOND.

Auec ce beau visage auoir le cœur de roche !

DAPHNIS.

Si le mien s'endurcit ce n'est qu'à vostre approche.

CLARIMOND.

D'où naissent las, bôs Dieux ! & de telles froideurs?

DAPHNIS.

Peut-estre du sujet qui produit vos ardeurs.

CLARIMOND.

Si ie brusle, Daphnis, c'est de nous voir ensemble.

DAPHNIS.

Et c'est de nous y voir, Clarimond, que ie tremble.

CLARIMOND.

Vostre contentement n'est qu'à me mal-traiter.

DAPHNIS.

Comme le vostre n'est qu'à me persecuter.

CLARIMOND.

Quoy! l'on vous persecute à force de seruices?

DAPHNIS.

Non, mais de vostre part ce me sont des supplices.

CLARIMOND.

Helas! & quand pourra venir ma guerison?

DAPHNIS.

Lors que le temps chez vous remettra la raison.

CLA-

CLARIMOND.

Ce n'est pas sans raison que mon ame est esprise.

DAPHNIS.

Ce n'est pas sans raison aussi qu'on vous mesprise.

CLARIMOND.

Iuste Ciel! & que dois-je esperer desormais?

DAPHNIS.

Que ie ne suis pas fille à vous aimer iamais.

CLARIMOND.

C'est donc perdre mon temps que de plus y pretēdre?

DAPHNIS.

Comme ie pers icy le mien à vous entendre.

CLARIMOND.

Me quittez vous si tost sans me vouloir guerir?

DAPHNIS.

Clarimond sans Daphnis, peut & viure & mourir.

H

CLARIMOND.

Ie mourray toutesfois si ie ne vous possede.

DAPHNIS.

Tenez vous donc pour mort s'il vous faut ce remede.

***

SCENE
TROISIESME.

CLARIMOND.

Tout dédaigné ie l'aime & malgré sa ri-
gueur
Ses charmes plus puissants luy conseruent
mon cœur;
Par vn contraire effet dont mes maux s'entre-
tiennent
Sa bouche le refuse, & ses yeux le retiennent,
Ie ne puis tant elle a de mespris & d'appas,
Ny le faire accepter, ny ne le donner pas:

Et comme si l'amour faisoit naistre sa haine,
Ou qu'elle mesuraft ses plaisirs à ma peine,
On voit paroistre ensemble & croistre également
Ma flame & ses froideurs, son aise & mon tour-
    ment.
Ie tasche à me resoudre en ce malheur extresme
Et ie ne sçaurois plus disposer de moy mesme,
Mon desespoir trop lasche obeit à mon sort,
Et mes ressentimens n'ont qu'vn debile effort.
Mais pour foibles qu'ils soient, aydons leur impuis-
    sance,
Donnons leur le secours d'vne eternelle absence:
Adieu, cruelle ingratte, Adieu, ie fuy ces lieux
Pour desrober mon ame au pouuoir de tes yeux.

                             H ii

SCENE

QVATRIESME.

CLARIMOND, AMARANTE.

AMARANTE.

*M*Onsieur, Monsieur, vn mot. L'air de vostre
visage
Tesmoigne vn déplaisir caché dãs le courage,
Vous quittez ma maistresse vn peu mal satisfait.

CLARIMOND.

Ce que voit Amarante en est le moindre effet,
Ie porte malheureux aprés de tels outrages
Des douleurs sur le front, & dans le cœur des rages.

AMARANTE.

Pour vn peu de froideur c'est trop desesperer.

CLARIMOND.

Que ne dis-tu plustost que c'est trop endurer?

Ie deurois estre las d'vn si cruel martyre,
Briser les fers honteux où me tient son empire,
Sans irriter mes maux auec vn vain regret.

AMARANTE.

Clarimond, escoutez, si vous estiez discret,
Vous pourriez sur ce point aprendre quelque chose
Que ie meurs de vous dire & toutesfois ie n'ose,
L'erreur où ie vous voy me fait compassion,
Mais auriez vous aussi de la discretion?

CLARIMOND.

Prens en ma foy de gage, auec...laisse moy faire.

AMARANTE.

Vous voulez iustement m'obliger à me taire,
Aux filles de ma sorte il suffit de la foy,
Reseruez vos presens pour quelque autre que moy.

Il veut tirer vn diamant de son doigt pour le luy dôner & elle l'en empesche.

CLARIMOND.

Souffre...

AMARANTE.

Gardez les dis-je, ou ie vous abandonne.
Daphnis a des rigueurs dont l'excés vous estonne,

Mais vous aurez bien plus dequoy vous estonner,
Quand vous sçaurez comment il la faut-gouuerner.
En la voulant seruir vous la rendez cruelle,
Et vos submissions vous perdent auprés d'elle,
Espargnez desormais tous ces pas superflus,
Accostez le bon homme & ne luy parlez plus.
Toutes ses cruautez ne sont qu'en apparence,
Du costé du vieillard tournez vostre esperance,
Quand il aura choisy quelqu'vn de ses amants
Sa passion naistra de ses commandemens.
Elle vous fait tandis cette galanterie
Pour s'acquerir le bruit de fille bien nourrie,
Et gaigner d'autant plus de reputation
Qu'on la croira forcer son inclination.
Nommez cette maxime ou prudence ou sottise,
C'est la seule raison qui fait qu'on vous mesprise.

CLARIMOND.

Helas! & le moyen de croire tes discours?

AMARANTE.

Clarimond n'usez point si mal de mon secours,
Croyez les bons aduis d'vne bouche fidelle,
En songeant seulement que ie viens d'auec elle,
Derechef épargnez tous ces pas superflus,

Accostez le bon homme & ne luy parlez plus.

CLARIMOND.

Ie suiuray ton conseil & vay chercher le pere,
Puisque c'est de sa part que tu veux que i'espere:

AMARANTE.

Parlez luy hardiment sans crainte de refus.

CLARIMOND.

Mais si i'en receuois ie serois bien confus.
Vn oncle pourra mieux m'en espargner la honte.

AMARANTE.

Vostre amour en tout sens y trouuera son conte.

SCENE
CINQVIESME.
AMARANTE.

QV'aisement vn esprit qui se laisse flatter,
S'imagine vn bonheur qu'il pense meriter!
Clarimond est bien vain, ensemble & bien
  credule
De se persuader que Daphnis dissimule,
Et que ce grand dédain déguise vn grand amour,
Que le seul choix d'vn pere a droit de mettre au iour.
Il s'en pâme de joye, & dessus ma parole
De tant d'affronts receus son ame se console,
Il les cherit peut estre & les tient à faueurs,
Tant ce friuole espoir redouble ses ferueurs.
S'il rencontroit le pere, & que mon entreprise...

       SCENE.

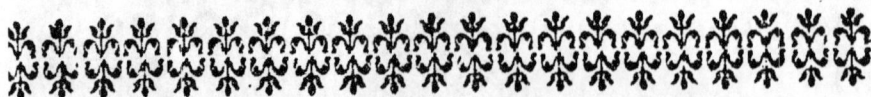

SCENE
SIXIESME.

GERASTE, AMARANTE.

GERASTE.

 Marante.

AMARANTE.

Monsieur.

GERASTE.

Vous faites la surprise,
Encor que de si loin vous m'ayez veu venir
Que Clarimond n'est plus à vous entretenir !
Ie donne ainsi la chasse à ceux qui vous en content !

AMARANTE.

A moy ? mes vanitez, iusques là ne se montent.

GERASTE.

Il sembloit toutesfois parler d'affection.

AMARANTE.

Ouy, mais qu'eſtimeζ vous de ſon intention?

GERASTE.

Ie croy que ſes deſſeins tendent au mariage.

AMARANTE.

Il eſt vray.

GERASTE.

Quelque foy qu'il vous donne pour gage
Ce n'eſt qu'vn faux apas, & ſous cette couleur
Il ne veut cependant que ſurprendre vne fleur.

AMARANTE.

Voſtre âge ſoupçonneux a touſiours des chimeres
Qui le font mal juger des cœurs les plus ſinceres.

GERASTE.

Où les conditions n'ont point d'égalité
L'amour ne ſe fait guere auec ſincerité;

AMARANTE.

Poſé que cela ſoit, Clarimond me careſſe;

Mais si je vous disois que c'est pour ma maistresse,
Et que le seul besoin qu'il a de mon secours
Sortant d'auec Daphnis, l'arreste en mes discours?

GERASTE.

S'il a besoin de toy pour auoir bonne issuë,
C'est signe que sa flame est assez mal receuë.

AMARANTE.

Pas tant qu'elle paroit, & que vous presumez.
D'vn mutuel amour leurs cœurs sont enflamez,
Mais Daphnis se contraint de peur de vous déplaire,
Et sa bouche est tousiours à ses desirs contraire,
Sinon lors qu'auec moy s'ouurant confidemment
Elle trouue a ses maux quelque soulagement.
Clarimond cependant pour fondre tant de glaces
Tasche par tous moyens d'auoir mes bonnes graces,
Et moy je l'entretiens tousiours d'vn peu d'espoir.

GERASTE.

A ce conte Daphnis est fort dans le deuoir,
Ie n'en puis souhaiter vn meilleur tesmoignage,
Et ce respect m'oblige à l'aimer dauantage.
Ie luy seray bon pere, & puis que ce party
A sa condition se rencontre assorty,
Bien qu'elle peust encor vn peu plus haut atteindre,

Ie la veux enhardir à ne se plus contraindre.

AMARANTE.

Vous n'en pourrez jamais tirer la verité.
Honteuse de l'aimer sans vostre authorité
Elle s'en defendra de toute sa puissance,
N'en cherchez point d'adueu que dans l'obeïssance,
Quand vous serez d'accord auecque son amant
Vn prompt amour suiura vostre commandement.
Mais on ouure la porte, helas ! ie suis perduë
Si j'ay tant de malheur qu'elle m'ait entenduë.

Elle rentre dans le jardin.

GERASTE seul.

Luy procurant du bien elle croit la fascher,
Et cette vaine peur la fait ainsi cacher.
Que ces jeunes ceruraux ont de traits de folie!
Mais il faut aller voir ce qu'aura fait Celie.
Toutesfois disons luy quelque mot en passant
Qui la puisse guerir du mal quelle ressent.

SCENE
SEPTIESME.

GERASTE, DAPHNIS.

GERASTE.

MA fille, c'est envain que tu fais la dis-
crette,
J'ay découuert en fin ta passion secrette,
Ie ne te parle point sur des aduis douteux.
Nen rougy point, Daphnis, ton choix n'est pas
honteux,
Moy mesme ie l'agrée, & veux bien que ton ame
A ce beau Caualier ne cache plus sa flame :
Tu pouuois en effet pretendre vn peu plus haut,
Mais on ne peut assez estimer ce qu'il vaut,
Ses belles qualitez, son credit & sa race
Aupres des gens d'honneur sont trop dignes de grace.
Adieu, si tu le vois, tu luy peux tesmoigner
Que sans beaucoup de peine on me pourra gaigner.

SCENE
HVICTIESME.

DAPHNIS.

D'Aise & d'estonnement ie demeure im-
  mobile,
D'où luy vient cette humeur de m'estre si
  facile?
D'où me vient ce bon-heur où ie n'osois penser?
Florame, il m'est permis de te recompenser,
Et sans plus déguiser ce qu'vn pere autorise
Ie me puis reuancher du don de ta franchise,
Ton merite te rend, malgré ton peu de biens,
Indulgent à mes feux, & fauorable aux tiens,
Il trouue en tes vertus des richesses plus belles.
Mais est-il vray mes sens? m'estes vous bien fidelles?
Mon heur me rend confuse, & ma confusion
Me fait tout soupçonner de quelque illusion.
Ie ne me trompe point, ton merite & ta race
Auprés des gens d'honneur sont trop dignes de grace,
Florame, il est tout vray, dés lors que ie te vis
Vn battement de cœur me fit de cet aduis,
Et mon pere aujourd'huy souffre que dans son ame
Les mesmes sentimens....

SCENE
NEVFIESME.

DAPHNIS, FLORAME.

DAPHNIS.

Voy? vous voila Florame!
Ie vous auois prié tantost de me quitter.

FLORAME.

Et ie vous ay quittée aussi sans contester.

DAPHNIS.

Mais reuenir si tost c'est me faire vne offence.

FLORAME.

Quand j'aurois sur ce point receu quelque defence,
Si vous sçauiez quels feux ont pressé mon retour
Vous en pardonneriez le crime à mon amour.

DAPHNIS:

Ne vous preparez point à dire des merueilles
Pour me persuader vos flames sans pareilles,

Ie croy que vous m'aimez, & c'est en croire plus
Que n'en exprimeroient vos discours superflus.

FLORAME.

Mes feux qu'ont redoublé ces propos adorables
A force d'estre creus deuiennent incroyables,
Et vous n'en croyez rien qui ne soit au dessous:
Que ne m'est il permis d'en croire autant de vous?

DAPHNIS.

Vostre croyance est libre.

FLORAME.

     Il me la faudroit vraye.

DAPHNIS.

Mon cœur par mes regards vous fait trop voir sa
 playe,
Vn homme si sçauant au langage des yeux
Ne doit pas demander que ie m'explique mieux.
Mais puis qu'il vous en faut vn adueu de ma bou-
 che;
Allez, asseurez vous que vostre amour me touche.
Depuis tantost ie parle vn peu plus franchement,
Ou si vous le voulez vn peu plus hardiment:
Aussi i'ay veu mon pere, & s'il vous faut tout dire,
Auecque nos desirs sa volonté conspire.

FLORAME.

Surpris, rauy, confus, ie n'ay que repartir,
Estre aimé de Daphnis! vn pere y consentir!
Dans mon affection ne trouuer plus d'obstacles!
Mon espoir n'eust osé conceuoir ces miracles.

DAPHNIS.

Miracles toutesfois qu'Amarante a produits,
De sa jalouse humeur nous tirons ces doux fruits,
Au recit de nos feux malgré son artifice
La bonté de mon pere a trompé sa malice,
Au moins ie le presume & ne puis soupçonner
Que mon pere sans elle ait peu rien deuiner.

FLORAME.

Les aduis d'Amarante en trahissant ma flame
N'ont point gaigné Geraste en faueur de Florame,
Les ressorts d'vn miracle ont vn plus haut moteur,
Et tout autre qu'vn Dieu n'en peut estre l'autheur.

DAPHNIS.

C'en est vn que l'Amour.

FLORAME.

Et vous verrez, peut estre

K

LA SVIVANTE.
Que son pouuoir diuin se fait icy paroistre,
Dont quelques grands effets auant qu'il soit long-
    temps,
Vous rendront estonnée, & nos desirs contens.

DAPHNIS.

Florame, aprés vos feux, & l'adueu de mon pere
L'Amour n'a point d'effets capables de me plaire.

FLORAME.

Parlons de ce premier, & receuez la foy
D'vn bien-heureux amant qu'il met sous vostre loy.

DAPHNIS.

Vous, prisez le dernier qui vous donne la mienne.

FLORAME.

Quoy que doresnauant Amarante suruienne,
Ie croy que nos discours à son abord fatal,
Ne se jetteront plus sur le rheume & le bal.

DAPHNIS.

Si ie puis tant soit peu dissimuler ma joye,
Et que dessus mon front son excés ne se voye,
Ie me ioüeray bien d'elle & des empeschemens
Que son adresse apporte à nos contentemens.

FLORAME.

Si ma presence y nuit, souffrez que ie vous quitte,
Vne affaire aussi bien jusqu'au logis m'inuite.

DAPHNIS.

Importante?

FLORAME.

Ouy, je meure, au succez de nos feux.

DAPHNIS.

Nous n'auons plus qu'vne ame & qu'vn vouloir
   nous deux:
Bien que vous esloigner ce me soit vn martyre
Puisque vous le voulez, ie n'y puis contredire.
Mais quand doisje esperer de vous reuoir icy?

FLORAME.

Dans vne heure au plus tard.

DAPHNIS.

Allez donc, la voicy.

SCENE
DIXIESME.

DAPHNIS, AMARANTE.

DAPHNIS.

Marante, vrayment vous estes fort jolie,
Vous n'égayez pas mal vostre melancolie,
Dans ce jaloux chagrin qui tient vos sens
　　　saisis,
Vos diuertissemens sont assez bien choisis.
Vostre esprit pour vous-mesme a force complaisance
De me faire l'objet de vostre médisance,
Et pour donner couleur à vos detractions
Vous lisez fort auant dans mes intentions.

AMARANTE.

Moy? que de vous i'osasse aucunement médire!

DAPHNIS.

Voyez-vous, Amarante, il n'est plus temps de rire,

Vous auez veu mon pere, auec qui vos discours
M'ont fait à vostre gré de friuoles amours.
Quoy! souffrir vn moment l'entretien de Florame,
Vous le nommez bien tost vne secrette flame!
Cette jalouse humeur dont vous suiuez la loy
Vous fait en mes secrets plus sçauante que moy.
Mais passe pour le croire, il falloit que mon pere
De vostre confidence apprist ceste Chimere?

AMARANTE.

S'il croit que vous l'aimez, c'est sur quelque soupçon
Où ie ne contribuë en aucune façon,
Ie sçay trop que le Ciel, auecque tant de graces,
Vous donne trop de cœur pour des flames si basses,
Et quand ie vous croirois dans cet indigne choix
Ie sçay ce que ie suis, & ce que je vous dois.

DAPHNIS.

Ne tranchez point ainsi de la respectueuse,
Vostre peine aprés tout vous est bien fructueuse,
Vous la deuez cherir, & son heureux succez
Qui chez nous à Florame interdit tout accez!
Mon pere le bannit & de l'vne & de l'autre,
Pensant nuire à mon feu, vous ruinez le vostre,
Ie luy viens de parler, mais c'estoit seulement
Pour luy dire l'arrest de son bannissement.
Vous deuez cependant estre fort satisfaite,

Qu'à vostre occasion vn pere me maltraite.
Pour fruit de vos labeurs si cela vous suffit,
C'est acquerir ma haine auec peu de profit.

AMARANTE.

Si touchant vos amours on sçait rien de ma bouche,
Que ie puisse à vos yeux deuenir vne souche,
Que le Ciel....

DAPHNIS.

Finissez vos imprecations,
I'aime vostre malice & vos delations,
Ma mignonne, aprenez que vous estes deceuë:
C'est par vostre rapport que mon ardeur est sceuë,
Mais mon pere y consent & vos aduis jaloux
N'ont fait que me donner Florame pour espoux.

SCENE

ONZIESME.

AMARANTE.

Vel mistere est-ce-cy? sa belle humeur se
  joüe,
Et par plaisir soy mesme elle se desad-
  uoüe.
Son pere la mal-traite & consent à ses vœux!
Ay-je nommé Florame en parlant de ses feux?
Florame, Clarimond, ces deux noms ce me semble
Pour estre confondus n'ont rien qui se ressemble.
Le moyen que jamais on entendist si mal
Que l'vn de ces amants fut pris pour son riual?
Parmy de tels détours mon esprit ne voit goute
Et leurs prosperitez le mettent en deroute,
Bien que mon cœur brouillé de mouuemens diuers
Ose encor se flater de l'espoir d'vn reuers.

ACTE IV.
SCENE I.
DAPHNIS.

V'en l'attente de ce qu'on aime
Vne heure est fascheuse à passer!
Quelle ennuye vne amour extresme
Qui ne voit son objet que des yeux du penser!

Le mien qui fuit la défiance
La trouue trop longue à venir,
Et s'accuse d'impatience
Plustost que mon amant de peu de souuenir.

Ainsi moy-mesme je m'abuse
De crainte d'on plus grand ennuy,
Et ie ne cherche plus de ruse
Qu'à mesler tout sujet de me plaindre de luy.

Assi

Aussi bien malgré ma colere
Ie bruslerois de m'appaiser
Et sa peine la plus seuere
Pour criminel qu'il fust, ne seroit qu'vn baiser.

Dieux! ie rougis d'vne parole,
Dont ie meurs de gouster l'effect
Et dans cette honte friuole.
Ie prepare vn refus...

SCENE
SECONDE.

GERASTE, CELIE, DAPHNIS.

GERASTE à Celie.

Dieu cela vaut fait,

Celie ren- Tu l'en peux asseurer. Ma fille, ie presume
tre. Quelques feux dans ton cœur que ton amant al-
    lume,
Que tu ne voudrois pas sortir de ton deuoir.

DAPHNIS:

C'est ce que le passé vous a peu faire voir.

GERASTE.

Ouy, mais pour en tirer vne preuue plus claire
Qui diroit qu'il faut prendre vn mouuement con-
    traire,
Qu'vne autre occasion te donne vn autre amant?

DAPHNIS.

Il seroit vn peu tard pour vn tel changement:
Sous voftre autorité i'ay deuoilé mon ame,
I'ay découuert mon cœur à l'objet de ma flame,
Et c'eft sous voftre aueu qu'il a receu ma foy.

GERASTE.

Ouy, mais i'ay fait depuis vn autre choix pour toy.

DAPHNIS.

Ma foy ne permet plus vne telle inconftance.

GERASTE.

Et moy ie ne sçaurois souffrir de resiftance:
Si ce gage eft donné par mon confentement,
Il le faut retirer par mon commandement,
Vous soupirez en vain, vos soupirs & vos larmes
Contre ma volonté font d'impuiffantes armes,
Rentrez, ie ne puis voir qu'auec mille douleurs
Voftre rebellion s'exprimer par vos pleurs.
La pitié me gaignoit, il m'eftoit impoffible
De voir encor fes pleurs & n'eftre pas fenfible,
Mon injufte rigueur ne pouuoit plus tenir
Et de peur de me rendre il l'a fallu bannir.
N'importe toutefois, la parole me lie,

Daphnis
rentre.

Et mon amour ainſi là promis à Celie,
Floriſe ne ſe peut acquerir qu'à ce prix.
Si Florame....

SCENE TROISIESME.

GERASTE, AMARANTE.

AMARANTE.

Monſieur, vous vous eſtes meſpris,
C'eſt Clarimond qu'elle aime.

GERASTE.

             Et ma plus grande peine
N'eſt que d'en auoir eu la preuue trop certaine,
Dans ſa rebellion à mon autorité
L'amour qu'elle a pour luy n'a que trop éclaté.
Si pour ce Caualier elle auoit moins de flame
Elle agréroit le choix que ie fais de Florame,
Et prenant deſormais vn mouuement plus ſain
Ne s'oſtineroit pas a rompre mon deſſein.

AMARANTE.

C'eſt ce choix inégal qui vous la fait rebelle,
Mais pourtout autre amant n'apprehendez rien
   d'elle.

GERASTE.

Florame a peu de bien , mais pour quelque raiſon
C'eſt luy ſeul que ie veux d'appuy pour ma maiſon,
Examiner mon choix c'eſt vn trait d'imprudence:
Toy qu'apreſent Daphnis traite de confidence
Et dont le ſeul aduis gouuerne ſes ſecrets,
Ie te prie , Amarante , adoucy ſes regrets,
Reſous-la, ſi tu peux à contenter vn pere,
Fay qu'elle ayme Florame , ou craigne ma colere.

AMARANTE.

Puiſque vous le voulez , i'y feray mon pouuoir:
C'eſt choſe toutefois dont i'ay ſi peu d'eſpoir
Qu'au contraire ie crains de l'aigrir dauantage.

GERASTE.

Il eſt tant de moyens à fléchir vn courage,
Trouue pour la gaigner quelque ſubtil appas,
La recompenſe aprés ne te manquera pas.

SCENE
QVATRIESME.

AMARANTE.

Accorde qui pourra le pere auec la fille,
Ils ont l'esprit troublé dedans cette famille:.
Daphnis aime Florame & son pere y consent,
D'elle mesme i'ay sçeu l'aise qu'elle en ressent,
Et qui croira Geraste il ne l'y peut reduire.
Peut elle s'opposer a ce qu'elle desire?
I'ayme sa resistance en cette occasion
Mais i'en ay moins d'espoir que de confusion.
S'ils sont sages tous deux, il faut que je sois folle:
Leur mesconte pourtant quel qu'il soit me console,
Et combien qu'il me mette au bout de mon Latin
Vn peu plus en repos i'en attendray la fin.

SCENE
CINQVIESME.

FLORAME, DAMON.

FLORAME.

Ans me voir elle rentre & quelque bon genie
Me saue de ses yeux & de sa tyrannie,
Ie ne me croyois pas quitte de ses discours
A moins que sa maistresse en vinst rompre le cours.

DAMON.

Ie voudrois t'auoir veu dedans cette contrainte.

FLORAME.

Mais dy que tu voudrois qu'elle empeschast ma plainte.

DAMON.

Si Theante sçait tout, sans raison tu t'en plains,
Ie t'ay dit ses secrets, comme à luy tes desseins,
Il voit dedans ton cœur, tu lis dans son courage,
Et ie vous fais combatre ainsi sans aduantage.

FLORAME.

Toute fois au combat tu n'as peu l'engager.

DAMON.

Sa generosité n'en craint pas le danger,
Mais cela choque vn peu sa prudence amou-
    reuse,
Veu que la fuite en est la fin la plus heureuse,
Et qu'il faut que l'vn mort l'autre tire pays.

FLORAME.

Malgré le déplaisir de mes secrets trahis
Ie ne puis cher amy, qu'auec toy ie ne rie
Des subtiles raisons de sa poltronnerie,
Nous faire ce duël sans s'exposer aux coups
C'est veritablement en sçauoir plus que nous,
Et te mettre en sa place auec assez d'adresse.

DA-

DAMON.

Qu'importe à quels perils il gagne vne maiſtreſſe?
Que ſes riuaux entr'eux faſſent mille combats,
Que i'en porte parole, ou ne la porte pas,
Tout luy ſemblera bon, pourueu que ſans en eſtre
Il puiſſe de ces lieux les faire diſparoiſtre.

FLORAME.

Mais ton ſeruice offert hazardoit bien ta foy,
Et s'il euſt eu du cœur t'engageoit contre moy.

DAMON.

Ie ſçauois trop que l'offre en ſeroit rejettée,
Depuis plus de dix ans ie connois ſa portée,
Il ne deuient mutin que fort malayſement,
Et prefere la ruſe à l'eclairciſſement.

FLORAME.

Les maximes qu'il tient pour conſeruer ſa vie
T'ont donné des plaiſirs où ie te porte enuie.

DAMON.

Tu peux incontinent à gouſter ſi tu veux,
Luy qui doute fort peu du ſuccez de ſes vœux,

Aa

Et qui croit que desja Clarimond & Florame
Disputent loin d'icy le sujet de leur flame,
Seroit-il homme à perdre un temps si precieux
Sans aller chez Daphnis faire le gracieux,
Et seul à la faueur de quelque mot pour rire
Prendre l'occasion de conter son martyre?

FLORAME.

Mais s'il nous treuue ensemble il pourra se douter
Que nous prenons plaisir tous deux à le taster.

DAMON.

Depeur que nous voyant il entrast en ceruelle
I'auois mis tout exprés Cleonte en sentinelle,
Theante approche t'il?

CLEONTE.

Il est en ce carfour.

DAMON.

A dieu donc, nous pourrons le jouer tour à tour.

FLORAME seul.

Ie m'estonne comment tant de belles parties
En ce pauure amoureux sont si mal assorties,

Qu'il a si mauuais cœur auec de si bons yeux,
Et fait vn si beau choix sans le deffendre mieux.
Pour tant d'ambition c'est bien peu de courage.

SCENE

SIXIESME.

FLORAME, THEANTE.

FLORAME.

Velle surprise, amy, paroist sur ton
visage?

THEANTE.

T'ayant cherché longtemps ie demeure confus
De t'auoir rencontré quand ie n'y pensois plus.

FLORAME.

Parle plus franchement, lassé de ta promesse
Tu veux & n'oserois reprendre ta Maistresse,
Ta passion qui souffre vne trop dure loy
Pour la gouuerner seul te desrobboit de moy?

THEANTE.

Depeur que ton esprit conceust cette croyance
De l'aborder sans toy ie faisois conscience.

FLORAME.

C'est ce qui t'obligeoit sans doute à me chercher?
Mais ne te priue plus d'vn entretien si cher,
Ie te rends Amarante auecque ta parole,
I'ayme ailleurs, & lassé d'vn compliment friuole,
Et de feindre vne ardeur qui blesse mes amis,
Ma flame est veritable & son effect permis:
I'adore vne beauté qui peut disposer d'elle,
Et seconder mes feux sans se rendre infidelle.

THEANTE.

Tu veux dire Daphnis?

FLORAME.

Ie ne te puis celer
Qu'elle est l'vnique objet pour qui ie veux brusler.

THEANTE.

Le bruit vole desja qu'elle est pour toy sans glace,
Et desja d'vn cartel Clarimond te menasse.

FLORAME.

Qu'il vienne ce riual apprendre à son malheur
Que s'il me passe en biens il me cede en valeur,
Que sa vaine arogance en ce duël trompée
Me fasse meriter Daphnis à coups d'espée:
Par la ie gagne tout, ma generosité
Suppléera ce qui fait nostre inégalité,
Et son pere amoureux du bruit de ma vaillance
La fera sur ses biens emporter la balance.

THEANTE.

Tu n'en peux esperer vn moindre éuenement,
L'heur suit dans les duëls le plus heureux amant,
Le glorieux éclat d'vne action si belle,
Ton sang ou répandu, ou hazardé pour elle
Ne peut laisser au pere aucun lieu de refus:
Tien ta maistresse acquise, & ton riual confus,
Et sans t'espouuenter d'vne vaine fortune
Qu'il soustient laschement d'vne valeur commune,
Ne fais de son orgueil qu'vn sujet de mespris,
Et pense que Daphnis ne s'acquiert qu'a ce prix.
Adieu, puisse le Ciel a ton amour parfaite,
Accorder vn succez, tel que ie le souhaite.

FLORAME le retenant.

Ce cartel ce me semble est trop long à venir.

Mon coûrage boüillant ne se peut contenir,
S'enflé par tes discours il ne peut plus attendre
Qu'vn insolent dessy l'oblige à se deffendre.
Va donc, & de ma part apelle Clarimond,
Dy luy que pour demain il choisisse vn second
Et que nous l'attendrons au Chasteau de Bissestre.

THEANTE.

I'adore ce grand cœur qu'icy tu fais paroistre,
Et demeure rauy du trop d'affection
Que tu m'as tesmoigné par cette élection.
Prens y garde pourtant, pense à quoy tu t'engages.
Si Clarimond lassé de souffrir tant d'outrages
Esteignant son amour, te cedoit ce bon-beur,
Quel besoin seroit-il de le piquer d'honneur?
Peut-estre qu'vn faux bruit nous aprend sa me-
    nace,
C'est a toy seulement de deffendre ta place,
Ces coups du desespoir des amants mesprisez
N'ont rien d'auantageux pour les fauorisez:
Qu'il recoure, s'il veut, à ces fascheux remedes,
Ne luy querelle point vn bien que tu possedès:
Ton amour que Daphnis ne sçauroit dedaigner
Court risque d'y tout perdre, & n'y peut rien
    gaigner,
Aduise derechef, ta valeur signalée
End'extresmes perils te iette à la volée.

FLORAME.

Quels perils ? l'heur y suit le plus heureux amant.

THEANTE.

Quelque fois le hazard en dispose autrement.

FLORAME.

Clarimond n'eut jamais qu'vne valeur commune.

THEANTE.

La valeur aux duëls fait moins que la fortune.

FLORAME.

C'est par là seulement qu'on merite Daphnis.

THEANTE.

Mais plustost de ses yeux par là tu te bannis.

FLORAME.

Ceste belle action pourra gaigner son pere.

THEANTE.

Ie le souhaite ainsi, plus que ie ne l'espere.

FLORAME.

Acceptant vn cartel, suis-je plus asseuré?

THEANTE.

Ou l'honneur souffriroit, rien n'est consideré.

FLORAME.

Ie ne puis resister à des raisons si fortes,
Sur ma bouillante ardeur malgré moy tu l'emportes.
I'attendray qu'on m'ataque.

THEANTE.

Adieu donc.

FLORAME.

En ce cas
Souuiens toy, cher amy, que ie retiens ton bras.

THEANTE.

Dispose de ma vie.

FLORAME seul.

Elle est fort asseurée,

Si rien que ce duël n'empesche sa durée:
Il en parle des mieux, c'est vn ieu qui luy plaist,
Mais il deuient fort sage außi tost qu'il en est,
Et montre cependant des graces peu vulgaires
A battre ses raisons par des raisons contraires.

SCENE

SEPTIESME.

DAPHNIS, FLORAME.

DAPHNIS.

IE n'osois t'aborder les yeux baignez de pleurs
Et deuant ce riual t'aprendre nos malheurs.

FLORAME.

Vous me jettez, mon ame, en d'estranges alarmes,
Dieux! & d'ou peut venir ce deluge de larmes?
Le bon homme est-il mort?

DAPHNIS.

Non, mais il se dédit
Tout ahourdi desormais pour toy m'est interdit

N

Si bien qu'il me faut estre ou rebelle, ou parjure,
Forcer les droits d'amour, ou ceux de la nature
Mettre vn autre en ta place, ou luy desobeyr,
L'irriter, ou moy mesme auec toy me trahir.
A faute de changer sa haine inéuitable
Me rend de tous costez ma perte indubitable
Ie ne puis conseruer mon deuoir & ma foy,
Ny sans crime brusler pour d'autres, ny pour toy.

FLORAME.

Le nom de cet amant dont l'indiscrette enuie
A mes ressentimens vient aporter sa vie?
Le nom de cet amant qui par sa prompte mort
Doit au lieu du vieillard me reparer ce tort,
Et sur quelque valeur que son amour se fonde
N'a que iusqu'à ma veuë à demeurer au monde?

DAPHNIS.

Ie n'aime pas si mal que de m'en informer,
Ie t'aurois fait trop voir que i'eusse peu l'aimer.
Son nom sceu, tu pourrois donner ma resistance
A son peu de merite & non à ma constance,
Croire que ses defaux le feroient rejetter,
Et qu'vn plus accomply se pourroit accepter.
I'atteste icy la main qui lance le tonnerre,
Que tout ce que le Ciel a fait paroistre en terre

De merites, de biens, de grandeurs, & d'appas
En mesme objet vny ne m'esbranleroit pas.
Vn seul Florame a droit de captiuer mon ame,
Vn seul Florame vaut à ma pudique flame
Tout ce que l'on pourroit offrir à mes ardeurs
De merites, d'appas, de biens & de grandeurs.

FLORAME.

Parmy tant de malheurs vous me comblez d'vne
   ayse
Qui redouble mes maux aussi bien que ma braise,
L'effet d'vn tel amour hors de vostre pouuoir
Irrite d'autant plus mon sanglant desespoir,
L'excez de vostre ardeur ne sert qu'à mon supplice,
Deuenez moy cruelle afin que ie guerisse.
Guerir? ah qu'ay-je dit! ce mot me fait horreur,
Pardonnez aux transports d'vne aueugle fureur,
Aymez tousiours Florame, & quoy qu'il ayt peu
   dire
Croissez de iour en iour vos feux & son martire,
Peut-il rendre sa vie à de plus heureux coups
Ou mourir plus content que pour vous & par vous?

DAPHNIS.

Puisque de nos destins la rigueur trop seuere
Oppose à nos desirs l'autorité d'vn pere,

Que veux-tu que ie faſſe en l'eſtat où ie ſuis?
Eſtre à toy malgré luy, c'eſt ce que ie ne puis,
Mais ie puis empeſcher qu'vn autre me poſſede
Et qu'vn indigne amant a Florame ſuccede.
Le cœur me ſerre, Adieu, ie ſens faillir ma voix,
Florame, ſouuiens toy de ce que tu me dois,
Si nos feux ſont égaux, mon exemple t'ordonne
Ou d'eſtre a ta Daphnis, ou de n'eſtre à perſonne.

SCENE
HVICTIESME.

FLORAME.

Epourueu de conseil comme de sentiment
L'excez de ma douleur m'oste le iugement,
De tãt de biés promis ie n'ay plus que faveuë,
Et mes bras impuissants ne l'ont pas retenuë,
Et mesme ie la souffre abandonner ce lieu
Sans trouuer de parole à luy dire vn adieu,
Ma fureur pour Daphnis a de la complaisance,
Mon desespoir n'osoit agir en sa presence,
Depeur que mon tourment aigrist ses desplaisirs,
Vne pitié secrette étouffoit mes souspirs,
Sa douleur par respect faisoit taire la mienne,
Mais ma rage à present n'a rien qui la retienne.
Sors infame vieillard, dont le consentement
Nous a vendu si cher le bon-heur d'vn moment,
Sors que tu sois puny de cette humeur brutalle
Qui rend ta volonté pour nos feux inégale,
A nos chastes amours qui t'a fait consentir,
Barbare? mais plustost qui t'en fait repentir?
Crois-tu qu'aimant Daphnis le tiltre de son pere

Debilite ma force ou rompe ma colere?
Vn nom si glorieux, traistre, ne t'est plus deu,
En luy manquant de foy ton crime l'a perdu.
Plus i'ay d'amour pour elle, & plus pour toy de hayne
Enhardit ma vengeance, & redouble ta peine,
Tu mourras, & ie veux pour finir mes ennuis
Meriter par ta mort celle ou tu me reduis.
Daphnis, à ma fureur ma bouche abandonnée
Parle d'oster la vie à qui te l'a donnée!
Ie t'ayme, & ie t'oblige à m'auoir en horreur,
Et ne connois encor qu'à peine mon erreur!
Si ie suis sans respect pour ce que tu respectes,
Que mes affections ne t'en soient pas suspectes,
De plus reglez transports me seroient trahison
Si i'auois moins d'amour i'aurois de la raison,
C'est peu que de la perdre, apres t'auoir perduë.
Rien ne sert plus de guide à mon ame esperduë
Ie condamne à l'instant ce que i'ay resolu,
Ie veux, & ne veux plus si tost que i'ay voulu:
Ie menace Geraste & pardonne à ton pere:
Ainsi rien ne me vange & tout me desespere.

SCENE
NEVFIESME.

FLORAME, CELIE.

FLORAME.

 Elie?

CELIE.

Et bien Celie? en fin elle a tant fait
Qu'à vos defirs Gerafte accorde leur effet.
Quel vifage auez-vous? voftre ayfe vous trãfporte.

FLORAME.

Ceffe d'aigrir ma flame en raillant de la forte,
Organe d'vn vieillard qui croit faire vn bon tour
De fe joüer de moy par vne feinte amour;
Si tu te veux du bien, fay luy tenir promeffe,
Vous me rendrez tous deux la vie, ou ma maiftreffe,
Et ce iour expiré ie vous feray fentir
Que rien de ma fureur ne vous peut garantir.

LA SVIVANTE.

CELIE.

Florame.

FLORAME.

Ie ne puis parler à des perfides.

CELIE seule.

Il veut donner l'alarme a mes esprits timides,
Et prend plaisir luy mesme a se iouer de moy.
Geraste à trop d'amour pour n'auoir point de foy,
Et s'il pouuoit donner trois Daphnis pour Florise
Il la tiendroit encor heureusement acquise.
D'ailleurs ce grand couroux pourroit-il estre feint?
Surpris auroit-il peu falsifier son teint,
Ajuster ses regards, son geste, son langage?
Aussi que ce vieillard me farde son courage,
Ie ne le sçauroiscroire, & veux dés aujourd'huy,
Sur ce poinct, si ie puis, m'esclaircir auec luy.

ACTE V.
SCENE I.

THEANTE, DAMON.

THEANTE.

Roirois-tu qu'vn moment m'ait peu changer de sorte
Que ie passe à regret par deuant cette porte?

DAMON.

Si ce change d'humeur vn peu plustost t'eust pris
Nous aurions veu l'effet du dessein entrepris,
Tantost quelque Demon ennemy de ta flame
Te faisoit en ces lieux accompagner Florame,
Sans la crainte qu'alors il te prist pour second,
Ie l'allois appeller au nom de Clarimond,
Et comme si depuis il estoit inuisible

()

Le rencontrer encor n'est plus en mon possible.

THEANTE.

Ne le cherche donc plus, à bien considerer,
Qu'ils se battent, ou non, ie n'en puis qu'esperer,
Veu que Daphnis au point où ie la voy reduite
N'est pas pour l'oublier quand il seroit en fuite,
Leur amour est trop forte, & d'ailleurs son trespas
Le priuant de ce bien ne me le donne pas :
Inégal en fortune aux biens de cette belle,
Et desia par malheur assez mal voulu d'elle,
Que pourrois-ie en ce cas pretendre de ses pleurs ?
Mon espoir se peut-il fonder sur ses douleurs ?
Deuiendrois-ie par là plus riche ou plus aymable ?
Et si de l'obtenir ie me sens incapable,
Florame est mon amy, d'où tu peux inferer
Qu'à tout autre qu'à moy ie le dois preferer,
Et verrois à regret qu'vn autre eust pris sa place.

DAMON.

Tu t'auises trop tard, que veux-tu que ie fasse ?
I'ay poussé Clarimond à luy faire vn appel,
I'ay charge de sa part de luy rendre vn cartel,
Le puis-je supprimer ?

THEANTE.

Non pas, mais tu peux faire,

DAMON.

Quoy ?

THEANTE.

Que Clarimond prenne vn mouuement contraire.

DAMON.

Le deſtourner d'vn coup ou ſeul ie l'ay porté !
Mon courage eſt mal propre à cette laſcheté.

THEANTE.

A de telles raiſons ie n'ay de repartie
Sinon que c'eſt à moy de rompre la partie,
I'en vay ſemer le bruit.

DAMON.

Et ſur ce bruit tu veux ?

THEANTE.

Qu'on leur donne dans peu des gardes à tous deux,

O ij

Et qu'vne main puissante arreste leur querelle.
Qu'en dis-tu cher amy?

DAMON.

　　　　　　L'inuention est belle,
Et le chemin bien court à les mettre d'accord:
Mais souffre auparauant que i'y fasse vn effort,
Peut-estre mon esprit treuuera quelque ruse
Par où mon honneur sauf, du cartel ie m'excuse.
Ne donnons point suiet de tant parler de nous,
Et sçachons seulement à quoy tu te resous.

THEANTE.

A les laisser en paix & courir l'Italie
Pour diuertir le cours de ma melancolie,
Et ne voir point Florame emporter à mes yeux
Le prix où pretendoit mon cœur ambitieux.

DAMON.

Amarante à ce conte est hors de ta pensée?

THEANTE.

Son image du tout n'en est pas effacée,
Mais

DAMON.

Tu crains que pour elle on te fasse vn duël.

THEANTE.

Railler vn malheureux c'est estre trop cruel,
Bien que i'adore encor l'excez de son merite,
Florame ayant Daphnis de honte ie la quitte:
Le Ciel ne nous fit point & pareils & riuaux
Pour auoir des succés tellement inegaux :
C'est me perdre d'honneur & par cette pourfuite
D'égal que ie luy suis me ranger à sa suite,
Ie donne desormais des regles à mes feux,
De moindres que Daphnis sont incapables d'eux,
Et rien doresnauant n'asseruira mon ame,
Qui ne me puisse mettre au deffus de Florame,
Allons ie ne puis voir sans mille deplaisirs
Ce possesseur du bien ou tendoient mes desirs.

DAMON.

Arreste, cette suite est hors de bienseance,
Et ie n'ay point d'appel à faire en ta presence.

SCENE.

DEVXIESME.

FLORAME.

Etteray-ie toufiours des menaces en l'air
Sans que ie fçache enfin à qui ie dois parler ?
Auroit-on iamais creu qu'elle me fuft rauie,
Et qu'on me peuft ofter Daphnis auant la vie ?
Le poffeffeur du prix de ma fidelité,
Bien que ie fois viuant demeure en feureté,
Tout inconnu qu'il m'eft il produit ma mifere ;
Et tout riual qu'il m'eft il rit de ma colere.
Riual ! ah quel malheur ! i'en ay pour me bannir,
Et ceffe d'en auoir quand ie le veux punir.
Grands Dieux, qui m'enuiez cette iufte allegeance,
Qu'vn amant fuplanté tire de la vengeance,
Et me cachez le bras dont ie reçoy les coups,
Eft-ce voftre deffein que ie m'en prenne à vous ?
Eft-ce voftre deffein d'attirer mes blafphemes
Et qu'ainfi que mes maux, mes forfaits foient
    extrefmes,
Qu'à mille impietez ofant me difpenfer

A voftre foudre oifif ie donne ou fe lancer ?
Ah ! fouffrez qu'en l'eftat de mon fort deplorable,
Ie demeure innocent encor que miferable,
Deftinez à vos feux d'autres objets que moy,
Vous n'en fçauriez manquer quand on manque de
   foy :
Employez le tonnerre à punir les pariures,
Et prenez intereft vous-mefme à mes iniures,
Monftrez en m'aßiftant que vous eftes des Dieux,
Et conduifez mon bras puis que ie n'ay point d'yeux,
Et qu'on fçait defrober d'vn riual qui me tuë,
Le nom à mon oreille, & l'obiet à ma veuë :
Riual, qui que tu fois dont l'infolent amour,
Idolatre vn Soleil, & n'ofe voir le iour,
N'oppofe plus ta crainte à l'ardeur qui te preffe,
Fais toy, fais toy connoiftre allant voir ta mai-
   ftreffe.

SCENE
TROISIESME.

FLORAME, AMARANTE.

FLORAME.

Marante (auſſi-bien te faut-il confeſſer
Qu'au lieu de toy Daphnis cccupoit mon
   penſer)
Dy-moy, qui me l'enleue, apren moy quel miſtere
Me cache le riual qui poſſede ſon pere,
Aquel heureux amant Geraſte a deſtiné
Vn bien ſi precieux qu'Amour m'auoit donné ?

AMARANTE.

Ce vous deuſt eſtre aſſez de m'auoir abuſée
Sans faire encor de moy vos ſuiets de risée.
Ie ſçay que le vieillard fauoriſe vos feux,
Et que rien que Daphnis n'eſt contraire à vos
   vœux.

FLO-

FLORAME.

Tu t'abuses, luy seul & sa rigueur cruelle
Empeschent les effets d'vne ardeur mutuelle,

AMARANTE.

Pensez-vous me duper auec ce feint couroux ?
Luy mesme il m'a prié de luy parler pour vous:

FLORAME.

Vois-tu, ne t'en ry plus, ta seule jalousie
A mis à ce vieillard ce change en fantaisie,
Ce n'est pas auec moy que tu te dois joüer,
Tu redoubles ton crime à le desauoüer
Et sçache qu'auiourd'huy si tu ne fais en sorte,
Que mon fidelle amour sur ce riual l'emporte,
J'auray trop de moyens à te faire sentir
Qu'on ne m'offence point sans vn prompt repentir.

SCENE
QVATRIESME.

AMARANTE.

Oyla de quoy tomber en vn nouueau Dedale,
O Ciel! qui vit iamais confusion égale :
Si i'escoute Daphnis, i'aprens qu'vn feu puissant
La brusle pour Florame, & qu'vn pere y consent :
Si i'escoute Geraste, il luy donne Florame,
Et se plaint que Daphnis en rejette la flame:
Et si Florame est creu, ce vieillard auiourd'huy
Dispose de Daphnis pour vn autre que luy.
Sous vn tel embarras ie me trouue accablée,
Eux ou moy nous auons la ceruelle troublée,
Si ce n'est qu'à dessein ils veuillent tout mesler,
Et soient d'intelligence à me faire affoler.
Mon foible esprit s'y perd, & n'y peut rien côprendre,
Pour en venir à bout il me les faut surprendre,
Et quand ils se verront escouter leurs discours,
Pour aprendre par là le fonds de ces destours.
Voicy mon vieux resueur, sayons de sa presence,

Qu'il ne nous broüille encor de quelque confidence :
De crainte que i'en ay d'icy ie me bannis,
Tant qu'auec luy ie voye ou Florame ou Daphnis.

SCENE
CINQVIESME.

GERASTE, POLEMON.

POLEMON.

J'Ay grand regret, Monsieur, que la foy qui vous lie,
Empesche que chez vous mon nepueu ne s'allie,
Et que son feu m'employe aux offres qu'il vous fait,
Lors qu'il n'est plus en vous d'en accepter l'effet.

GERASTE.

C'est moy qui suis marry que pour cet Hymenée
Ie ne puis renoquer la parole donnée,
L'auantageux party que vous me presentez,
Me verroit sans cela prest à ses volontez.

P iij

POLEMON.

Mais si quelque malheur rompoit cette alliance?

GERASTE.

Qu'il n'ait lors de ma part aucune défiance,
Ie m'en tiendrois heureux, & m'a foy vous respond
Que Daphnis sans tarder espouse Clarimond.

POLEMON.

Adieu, faites estat de mon humble seruice.

GERASTE.

Et vous pareillement d'vn cœur sans artifice:

SCENE

SIXIESME.

CELIE, GERASTE.

CELIE.

DE sorte qu'à mes yeux vostre foy luy respond,
Que Daphnis sans tarder espouse Glari-
mond?

GERASTE.

Cette vaine promesse en vn cas impossible
Adoucit vn refus & le rend moins sensible,
C'est ainsi qu'on oblige vn homme à peu de frais.

CELIE.

Adiouster l'impudence à vos persides traits!
Il vous faudroit du charme au lieu de cette ruse,
Pour me persuader que qui promet refuse.

GERASTE.

I'ay promis, il est vray, mais au cas seulement

P iij

Que Florame ou sa sœur courust au changement.
Pour Daphnis, c'est en vain qu'elle fait la rebelle,
J'en viendray trop à bout.

CELIE.

Impudence nouuelle !
Florame que Daphnis fait maistre de son cœur,
Ne se plaint que de vous & de vostre rigueur,
Et sans vous on verroit leur mutuelle flame
Vnir bien-tost deux corps qui n'ont desia qu'vne ame.
Vous m'allez cependant effrontement conter
Que Daphnis sur ce poinct ose vous resister !
Vous m'en auiez promis vne toute autre issuë,
J'en ay porté parole apres l'auoir receuë,
Qu'auois-je contre vous ou fait, ou proietté,
Pour me faire tremper en vostre lascheté ?
Ne pouuiez-vous trahir que par mon entremise ?
Aduisez, il y va de plus que de Florise,
Ne vous estimez pas quitte pour la quitter,
Ny que de cette sorte on se laisse affronter,
Florame a trop de cœur.

GERASTE.

Et moy trop de courage
Pour manquer où l'amour, l'honneur, la foy m'engage.

Va donc, va le chercher, à ses yeux tu verras
Que pour luy mon pouuoir ne s'espargnera pas,
Que ie mal traitteray Daphnis en sa presence
D'auoir pour son amour si peu de complaisance :
Qu'il vienne seulement voir vn pere irrité,
Et ioindre sa priere à mon authorité,
Et lors, soit que Daphnis y resiste, ou consente,
En fin ma volonté sera la plus puissante.

CELIE.

Croyez, que nous tromper ce n'est pas vostre mieux.

GERASTE.

Me foudroye en ce cas la colere des Cieux.

SCENE VII.

GERASTE, DAPHNIS.

GERASTE seul.

Eraste, sur le champ il te falloit contraindre
Celle que ta pitié ne pouuoit ouyr plaindre,
Tu n'as peu refuser du temps à ses douleurs.
Ton cœur s'atendrissoit de voir couler ses pleurs,
Et pour auoir vsé trop peu de ta puissance,
On t'impute à forfait sa desobeyssance,

*Daphnis
sort.*

Vn traictement trop doux te fait croire sans foy.
Faudra-t'il que de vous ie reçoiue la loy,
Et que l'aueuglement d'vne amour obstinée,
Contre ma volonté regle vostre Himenée ?
Mon extresme indulgence a donné par malheur
A vos rebellions quelque foible couleur,
Et pour quelque moment que vos feux m'ont sceu
   plaire
Vous vous authorisez à m'estre refractaire.
Mais sçachez qu'il falloit, ingrate, en vos amours
Ou ne m'obeyr point, ou m'obeyr tousiours.

                         DAPHNIS.

DAPHNIS.

Si dans mes premiers feux ie vous semble obstinée,
C'est l'effet de ma foy sous vostre adueu donnée.
Quoy que mette en auant vostre iniuste courroux
Ie ne veux opposer à vous mesme que vous.
Vostre permißion doit estre irreuocable,
Deuenez seulement à vous mesme semblable,
Il vous falloit, Monsieur, vous mesme, en mes
    amours
Ou ne consentir point, ou consentir tousiours:
Ie choisiray la mort plustost que le pariure,
M'y voulant obliger vous vous faites iniure,
Ne vueillez point combattre ainsi hors de saison
Vostre vouloir, ma foy, mes pleurs, & la raison.
Que vous a fait Daphnis? que vous a fait Florame
Que pour luy vous vouliez que i'esteigne ma flame?

GERASTE.

Mais que vous a t'il fait que pour luy seulement
Vous vous rendiez rebelle à mon commandement?
Ma foy doit elle pas preualoir sur la vostre?
Vous vous donnez à l'vn, ma foy vous donne à
    l'autre,
qui le doit emporter ou de vous ou de moy?
Et qui doit de nous deux plustost manquer de foy?

Q

Quand vous en maquerez mon vouloir vous excuse.
Mais à trop raisonner moy mesme ie m'abuse,
Il n'est point de raison valable entre nousdeux,
Et pour toute raison il suffit que ie veux.

DAPHNIS.

Vn pariure iamais ne devient legitime,
Vne excuse ne peut iustifier vn crime,
Malgré vos changemens mon esprit resolu
Croit suffire à mes feux que vous ayez voulu.

S C E N E.
HVICTIESME.

GERASTE, DAPHNIS, FLORAME,
CELIE, AMARANTE.

DAPHNIS.

Voicy ce cher amant qui me tient engagée
A qui sous vostre adueu ma foy s'est obligée,
Changez de volonté pour vn obiet nouueau,
Daphnis épousera Florame, ou le tombeau.

GERASTE.

Que voy-ie icy, bons Dieux?

DAPHNIS.

Mon amour, ma constance.

GERASTE.

Et surquoy donc fonder ta desobeïssance?
Quel enuieux Demon & quel charme assez fort
Faisoit entrechoquer deux volontez d'accord?
C'est luy que ie cheris, & que ie te destine,
Et ta rebellion dans vn refus s'obstine!

FLORAME.

Apellez vous refus de me donner sa foy
Quand vostre volonté se declara pour moy?
Et cette volonté pour vn autre tournée
Vous peut elle obeyr apres la foy donnée?

GERASTE.

C'est pour vous que ie change, & pour vous seulemẽt
Ie veux qu'elle renonce à son premier amant.
Lors que ie consentis à sa secrette flame
C'estoit pour Clarimond qui possedoit son ame,
Amarante du moins me l'auoit dit ainsi.

Q ij

DAPHNIS.

Amarante approchez que tout soit esclaircy.
Vne telle imposture est-elle pardonnable?

AMARANTE.

Mon amour pour Florame en est le seul coupable,
Mon esprit l'adoroit, & vous estonnez vous
S'il deuint inuentif puisqu'il estoit ialoux?

GERASTE.

Et par là tu voulois

AMARANTE.

Que vostre ame deceuë
Donnast à Clarimond vne si bonne yssuë,
Que Florame frustré de l'obiet de ses vœux
Fust reduit desormais à seconder mes feux.

FLORAME.

Pardonnez luy, Monsieur, & vous, ma chere vie,
Voyez que vostre exemple au pardon vous conuie:
Si vous m'aimez encor, vous deuez estimer
Qu'on ne peut faire vn crime à force de m'aimer.

DAPHNIS.

ie t'ayme, mon heur? ah! ce doute m'offence,

D'Amarante auec toy ie prendray la deffence.

GERASTE.

Et moy dans ce pardon ie vous veux preuenir,
Voſtre Hymen auſsi bien ſçaura trop la punir.

DAPHNIS.

Qu'vn nom teu par hazard nous a donné de peine!

CELIE.

Mais que ſceu maintenant il rend ſa ruſe vaine,
Et donne vn prompt ſuccez à vos contentemens!

FLORAME à Geraſte.

Vous de qui ie lés tiens

GERASTE.

Trefue de complimens,
Ils nous empeſcheroient de parler de Floriſe.

FLORAME.

Il n'en faut point parler, elle vous eſt acquiſe.

GERASTE.

Allons donc la treuuer, que cet eſchange heureux
Comble d'aiſe à ſon tour vn vieillard amoureux.

DAPHNIS.

Quoy! ie ne ſçauois rien d'vne telle partie

FLORAME.

Mon cœur, s'il t'en souuient, ie t'auois aduertie
Qu'vn grand effet d'amour auât qu'il fust long têps
Te rendroit estonnée & nos desirs contens.
Mais differez, Monsieur, vne telle visite,
Mon feu ne souffre point que si tost ie la quitte,
Et d'ailleurs ie sçay trop que la loy du deuoir
Veut que ie sois chez nous pour vous y receuoir.

GERASTE à Celie.

Va donc luy tesmoigner le desir qui me presse.

FLORAME.

Plustost fay la venir saluër ma maistresse,
Par cette inuention vous & moy satisfaits
Sans faillir au deuoir nous aurons nos souhaits.

GERASTE.

Mais le mien toutefois veut que ie la preuienne,

CELIE.

Attendez la, Monsieur, & qu'à cela ne tienne,
Ie cours executer cette commission.

GERASTE.

Le temps en sera long à mon affection.

FLORAME.

Tousiours l'impatience à l'amour est meslée.

GERASTE.

Allons dans le jardin faire deux tours d'allée,
Afin qu'ainſi l'ennuy que i'en pourray ſentir
Dedans voſtre entretien ſe puiſſe diuertir.

SCENE
DERNIERE.

AMARANTE.

IE le perds ſans auoir de tout mon artifice
Qu'autât de mal que luy, bien que diuerſemēt,
Veu que pas vn effet n'a ſuiuy ma malice
Ou ma confuſion n'egalaſt ſon tourment:
  Pour agréer ailleurs il taſchoit à me plaire,
Vn amour dans la bouche, vn autre dans le ſein:
I'ay ſeruy de pretexte à ſon feu temeraire,
Et ie n'ay peu ſeruir d'obſtacle à ſon deſſein.
  Daphnis me le rauit, non par ſon beau viſage,
Non par ſon bel eſprit, ou ſes doux entretiens,
Non que ſur moy ſa race ait aucun aduantage,
Mais par le ſeul éclat qui ſort d'vn peu de biens.
  Filles, que la Nature a ſi bien partagées,
Vous deuez preſumer fort peu de vos attraits;

Quelques charmits qu'ils soient vous estes negligées
Sinon quand la fortune en fait les plus beaux traits.

Mais encor que Daphnis eust captiué Florame
Le moyen qu'inegalil en fust possesseur?
Ciel, pour faciliter le succez de sa flame
F'alloit il qu'vn vieillard fust épris de sa sœur?

Ouy, Ciel, il le falloit, ce n'est pas sans iustice
Que cet esprit vsé se renuerse a son tour:
Puisqu'vn ieune amant suit les loix de l'auarice,
Il faut bien qu'vn vieillard suiue celles d'amour.

Vn discours amoureux n'est qu'vne fausse amorce,
Et Theante & Florame ont feint pour moy des feux,
L'vn m'échape de gré comme, l'autre de force,
I'ay quitté l'vn pour l'autre, & ie les perds tous deux.

Mon cœur n'a point d'espoir d'où ie ne sois seduite,
Si ie prens quelque peine, vn autre en a les fruits,
Qu'au miserable estat où ie me voy reduite
I'auray bien à passer encor de tristes nuits!

Vieillard, qui de ta fille acheptes vne femme
Dont peut estre aussi-tost tu seras mescontent,
Puisse le Ciel aux soins qui te vont ronger l'ame
Dénier le repos du tombeau qui t'attend!

Puisse enfin ta foiblesse & ton humeur ialouze
Te fruster desormais de tout contentement,
Te remplir de soupçons, & cette ieune épouse
Iojndre à mille mespris le secours d'vn amant!

FIN.